UTB 3282

W0345531

Eine Arbeitsgemeinschaft der Verlage

Böhlau Verlag · Köln · Weimar · Wien
Verlag Barbara Budrich · Opladen · Farmington Hills
facultas.wuv · Wien
Wilhelm Fink · München
A. Francke Verlag · Tübingen und Basel
Haupt Verlag · Bern · Stuttgart · Wien
Julius Klinkhardt Verlagsbuchhandlung · Bad Heilbrunn
Lucius & Lucius Verlagsgesellschaft · Stuttgart
Mohr Siebeck · Tübingen
C. F. Müller Verlag · Heidelberg
Orell Füssli Verlag · Zürich
Verlag Recht und Wirtschaft · Frankfurt am Main
Ernst Reinhardt Verlag · München · Basel
Ferdinand Schöningh · Paderborn · München · Wien · Zürich
Eugen Ulmer Verlag · Stuttgart
UVK Verlagsgesellschaft · Konstanz
Vandenhoeck & Ruprecht · Göttingen
vdf Hochschulverlag AG an der ETH Zürich

LIBAC

Linguistik für Bachelor – herausgegeben von Hans Jürgen Heringer

bislang erschienen:

Hans Jürgen Heringer: *Morphologie*
Dietrich Busse: *Semantik*
Henning Lobin: *Computerlinguistik und Texttechnologie*
Hans Bickes/Ute Pauli: *Erst- und Zweitspracherwerb*

weitere Bände in Vorbereitung

HENNING LOBIN

Computerlinguistik und Texttechnologie

WILHELM FINK

Der Autor:

Henning Lobin, *1964, seit 1999 Professor für Angewandte Sprachwissenschaft und Computerlinguistik an der Justus-Liebig-Universität Gießen, Leiter des Zentrums für Medien und Interaktivität. Promotion 1991 an der Universität Bonn, Habilitation 1996 an der Universität Bielefeld. Letzte Buchveröffentlichungen: „Automatische Textanalyse" (2004, hrsg. mit A. Mehler), „Texttechnologie" (2004, hrsg. mit L. Lemnitzer"), „Inszeniertes Reden auf der Medienbühne" (2009). Forschungsschwerpunkte: Dependenzgrammatik, Grundlagen der Texttechnologie, Text-Parsing, Wissenschaftskommunikation.

Für Aya Philine

Bibliografische Information Der Deutschen Nationalbibliothek

Die Deutsche Nationalbibliothek verzeichnet diese Publikation in der Deutschen Nationalbibliografie; detaillierte bibliografische Daten sind im Internet über http://dnb.d-nb.de abrufbar.

Gedruckt auf umweltfreundlichem, chlorfrei gebleichtem Papier

(Wilhelm Fink GmbH & Co. Verlags-KG, Jühenplatz 1, D-33098 Paderborn)
ISBN 978-3-7705-4863-7

Internet: www.fink.de

Printed in Germany.
Herstellung: Ferdinand Schöningh, Paderborn
Einbandgestaltung: Atelier Reichert, Stuttgart

UTB-Bestellnummer: ISBN 978-3-8252-3282-5

Inhaltsübersicht

1. Einleitung

Das vorliegende Buch führt in knapper und exemplarischer Form in die Gebiete Computerlinguistik und Texttechnologie ein. Es kann ohne Vorkenntnisse gelesen werden, da auch die verwendeten linguistischen Grundbegriffe jeweils kurz erläutert werden. Aufgrund seiner Kürze ist es nicht dafür gedacht, für ein komplettes Studium – ob auf Bachelor- oder Master-Niveau – als zentrale Referenz zu dienen, vielmehr bietet es einen ersten Einstieg im Umfang eines Moduls von etwa acht bis zehn *Credit Points*, also entsprechend einer Vorlesung oder einem Seminar mit begleitender Übung.

Parallele Darstellung

Mit diesem Buch wird ein neuartiger Ansatz verfolgt: Erstmals werden die Disziplinen der Computerlinguistik und der Texttechnologie konsequent parallel vermittelt – jedem neuen Vermittlungsschritt im Bereich der einen Disziplin entspricht einer im Bereich der anderen. Beide Gebiete speisen sich systematisch und historisch aus denselben Quellen – formale Grammatiken –, haben aber in den letzten Jahren unterschiedliche Wege genommen, die die grundlegenden Zusammenhänge verschleiern. Dabei kann das Verständnis des einen Gebietes das des anderen verstärken und durch Analogieschlüsse befruchten. Die Texttechnologie vermag dem Leser manche Konzepte in anschaulicherer Weise nahe zu bringen, denn für alle beschriebenen Methoden und Techniken können Bezüge zu Anwendungen im Web hergestellt werden. Der Bereich der Grammatik der natürlichen Sprache wird dabei parallelisiert mit dem der Dokumentgrammatik, die Syntaxanalyse mit der Textannotation oder die Übersetzung syntaktischer Konstruktionen in logische Ausdrücke mit der Überführung eines Dokuments in ein bestimmtes Ausgabeformat. Das Prinzip der Parallelisierung ist auf die praktische hochschuldidaktische Erfahrung zurückzuführen, die ich in den letzten Jahren mit einem entsprechenden Anfängermodul machen konnte.

Aufbau

Unterhalb der Ebene der sieben Kapitel des Buches befinden sich insgesamt 15 Abschnitte zu computerlinguistischen und texttechnologischen Themen. Neun davon, bezeichnet mit CL-1 bis CL-9, beziehen sich auf die Computerlinguistik, die übrigen sechs, TT-1 bis TT-6, auf die Texttechnologie. Dabei sind jeweils ein oder zwei CL-Unterkapitel mit einem TT-Unterkapitel zusammengefasst und können in dieser Form gelesen oder im Seminar behandelt werden. Es ist aber auch möglich, sich zunächst zusammenhängend nur mit den computerlinguistischen oder den texttechnologischen Abschnitten zu befassen; dabei sollte jedoch die Reihenfolge der Abschnitte beibehalten werden. Die Gesamtheit aller fünfzehn Abschnitte ist auf die durchschnittlich fünfzehn Wochen eines Semesters zu beziehen, so dass jede Woche ein weiteres Kapitel behandelt werden kann. Falls aufgrund einer Prüfungsphase nur 14 Wochen zur Verfügung stehen, können die beiden Einleitungsabschnitte (CL-1 und TT-1) zusammengefasst und zum Teil der Eigenlektüre überlassen werden.

Kompromisse

Bei einem so knapp gefassten Einführungswerk mussten natürlich viele Kompromisse eingegangen und Auswahlentscheidungen getroffen werden. Generell wurde in der Darstellung die Lesbarkeit in den Vordergrund gestellt, weshalb die wichtigsten Literaturverweise auch erst in den jeweils die Hauptkapitel abschließenden Abschnitten zur weiteren Vertiefung genannt werden. Viele wichtige Teilbereiche der Computerlinguistik wurden ausgelassen, vor allem Statistik-basierte Verfahren, andere nur kurz angerissen. Auch auf eine selbst nur ansatzweise erfolgende Darstellung einer bestimmten unifikationsbasierten Grammatiktheorie wurde verzichtet. Gleiches gilt für den Bereich der Texttechnologie, wo das Hauptgewicht auf der textuellen Informationsmodellierung in XML liegt, andere wichtige Aspekte werden hingegen nur kurz angesprochen. Das vorliegende Buch kann also auf keinen Fall umfassendere, enzyklopädisch angelegte Einführungswerke in deutscher Sprache ersetzen, etwa Carstensen *et al.* (2004) für die Computerlinguistik oder Lobin/Lemnitzer (2004) für die Texttechnologie. Es will stattdessen eine gut lesbare Kurzeinführung in zwei eng miteinander verwandte Gebiete geben, die auch für ein Studium mit anderen Schwerpunktsetzungen interessante neue Perspektiven eröffnen können.

Die in diese Buch dargestellten Inhalte wurden in den letzten Jahren teilweise in Lehrveranstaltungen an der Justus-Liebig-Universität Gießen in den Master-Studiengängen „Computerlinguistik und Texttechnologie“ sowie „Sprachtechnologie und Fremdsprachendidaktik“ eingesetzt. Ich habe in diesen Lehrveranstaltungen sehr von den Rückmeldungen der Studierenden zur Vorgehensweise profitiert. Das Manuskript wurde von Hans-Jürgen Heringer und Harald Lüngen durchgesehen – für ihre Hinweise, Korrekturen und kritischen Anmerkungen bin ich beiden überaus dankbar.

2. Geschichte und Gebiete

2.0 Ziele und WarmUp

Eine der wichtigsten Erfindung des zwanzigsten Jahrhunderts ist zweifellos der Computer. Mit dem programmierbaren Rechenautomaten ist es dem Menschen das erste Mal in seiner Geschichte gelungen, seine geistigen Fähigkeiten teilweise auf eine Maschine zu verlagern. Ganz am Anfang, als Anwendung der allerersten Computer, wurde das Rechnen mechanisiert – man kann mathematische Prozesse besonders leicht mit der logischen Arbeitsweise des Computers verbinden. Schon sehr bald aber kam auch die Sprache in das Blickfeld der frühen Entwicklungen. Wenn man in einem Computer eine mathematische Formel darstellen und berechnen kann, warum nicht auch einen Satz in einer natürlichen Sprache wie dem Deutschen? Warum sollte man nicht mit dem Computer die Entsprechung dieses Satzes in einer anderen Sprache „berechnen" können? Diese Fragen bildeten den Anfang der Computerlinguistik, und erst nach einigen Jahrzehnten hatte man verstanden, warum sie so schwer zu beantworten sind, so viel schwieriger als für die Mathematik. Und wenn man von Sprache spricht, dann spricht man auch von Texten, denn sprachliche Kommunikation vollzieht sich in gesprochenen oder geschriebenen Texten. Aufgrund dieser zentralen Funktion von Texten in der Kommunikation hat sich parallel zur Computerlinguistik eine Technologie für den praktischen Umgang mit Texten entwickelt, die Texttechnologie.

Ziele

In diesem Kapitel werden wir

- die Computerlinguistik mit der Linguistik und anderen wissenschaftlichen Disziplinen in Beziehung setzen,
- fünf verschiedene Auffassungen von Computerlinguistik als Wissenschaft kennen lernen,
- uns die historischen Entwicklungsphasen der Computerlinguistik ansehen,
- die Entstehung der Texttechnologie nachvollziehen,
- die Teilgebiete der Texttechnologie und ihre Gliederung betrachten und
- die besondere Bedeutung der strukturellen Beschreibung von Inhalt und Ausdruck verstehen.

WarmUp

Wozu verwenden Sie vor allem Ihren Computer? Überlegen Sie, welche Funktion er für Sie erfüllt. Welchen Anteil dieser Verwendung haben Tätigkeiten, die etwas mit Sprache zu tun haben? Stellen Sie sich vor, Sie müssten den Computer der Zukunft beschreiben. Was sollte er können, was heute noch unmöglich ist? Haben diese Dinge etwas mit Sprache im Allgemeinen oder mit Texten zu tun?

2.1 CL-1: Computerlinguistik – Der Computer lernt Sprache

Wir sind umgeben von Sprache, ob gesprochener oder geschriebener. Wir plaudern mit anderen Menschen, führen Telefongespräche, halten Referate, lesen Bücher und Zeitungen, nehmen fast automatisch Beschriftungen und Schilder wahr, schreiben Emails und SMS, erstellen Notizen, Powerpoint-Folien oder Bachelor-Arbeiten. Unser ganzes Leben besteht aus gesprochener oder geschriebener Sprache, oft in Verbindung mit Grafik, Bildern oder Video – Sprache, die uns auf natürliche Weise vermittelt wird oder mit technischer Unterstützung, die von uns produziert oder rezipiert wird.

Computerlinguistik

Die Sprachwissenschaft, oft auch als Linguistik bezeichnet, ist nicht die einzige Wissenschaft, die sich mit diesen Phänomenen befasst. Sprache interessiert auch Psychologen und Philosophen, Kommunikations- und Medienwissenschaftler, ja sogar Biologen, Juristen oder Mediziner. Die Computerlinguistik ist diejenige Wissenschaft, die ganz allgemein die maschinelle Verarbeitung von Sprache mit dem Computer in den Blick nimmt. Im Mittelpunkt stehen dabei Prozesse, die die Erzeugung oder Analyse von gesprochener oder schriftlich fixierter Sprache erlauben. Aber auch die Beschreibung der Sprache selbst in einer Weise, dass der Computer damit umgehen kann, ist Gegenstand der Computerlinguistik. Und schließlich verfolgt man mit der maschinellen Verarbeitung von Sprache meist ein bestimmtes praktisches Ziel, so dass auch die Entwicklung von Software, von sprachverarbeitenden Systemen, ein wichtiges Teilgebiet der Computerlinguistik darstellt.

Ebenen der Linguistik

Gehen wir noch einmal einen Schritt zurück und werfen einen etwas genaueren Blick auf die Linguistik: Diese befasst sich insbesondere mit den Strukturen der Sprache, wie sie sich in Lauten, Wörtern, Wortgruppen, Sätzen, Texten oder Gesprächen ausprägt. Als „Struktur" werden dabei die komplexen Zeichensysteme verstanden, die das „Aussehen", die Form der sprachlichen Einheiten, betreffen, oder deren Inhalt. Hinzu kommen die Regularien für deren Gebrauch. Durch die verschiedenen Betrachtungsebenen der Sprache und die Frage nach Form und Inhalt werden mehrere Teildisziplinen der Linguistik ausgeprägt, die alle die Aufdeckung und Modellierung von Strukturen zum Gegenstand haben:

<table>
<tr><th></th><th colspan="2">Form</th><th colspan="2">Inhalt</th></tr>
<tr><td>Laut</td><td colspan="2">Phonologie</td><td colspan="2"></td></tr>
<tr><td>Wort</td><td>Morphologie</td><td colspan="2">Lexik</td><td>Wortsemantik</td></tr>
<tr><td>Wortgruppe</td><td colspan="2" rowspan="2">Syntax</td><td colspan="2" rowspan="2">Satzsemantik</td></tr>
<tr><td>Satz</td></tr>
<tr><td>Text</td><td colspan="4" rowspan="2">Textlinguistik</td></tr>
<tr><td>Dialog</td></tr>
</table>

Im lautlichen Bereich der Sprache kann man noch nicht nach Inhalten fragen, dieses ist erst auf der Ebene des Wortes oder der Wortteile möglich. Der Bereich der Lexik verbindet Aspekte der Form und des Inhalts von Wörtern. Im Bereich der Textlinguistik gibt es natürlich ebenfalls Fragestellungen, die stärker auf die formale oder die inhaltliche Seite von Texten abzielen, unterschiedliche Teilgebiete der Linguistik sind daraus allerdings nicht entstanden. Die hier von dem Rahmen umgebenen Gebiete werden gewöhnlich als die Kerngebiete der Linguistik verstanden.

In der Computerlinguistik werden grundsätzlich alle Teilgebiete der allgemeinen Linguistik bearbeitet, wobei auch hier ganz ähnliche Kerngebiete im Mittelpunkt stehen. Dabei geht es immer um Fragen der formalen Modellierung und der algorithmischen Verarbeitung. „Algorithmus" steht für eine detailliert festgelegte Verfahrensvorschrift zur Lösung eines Problems. Typische Fragestellungen der Computerlinguistik im Bereich der Syntax sind deshalb etwa die folgenden:

Grundfragen der Syntax

- Welche formalen Eigenschaften müssen Regeln haben, die einzelne syntaktische Phänomene beschreiben?
- Welchen Aufbau haben und welche übergreifenden formalen Zusammenhänge gibt es bei Regelwerken, die größere Sprachausschnitte beschreiben, bei Grammatiken?
- Wie müssen Grammatiken angewendet werden, um einen gegebenen Satz zu analysieren?
- Welche Gestalt und welche formalen Eigenschaften soll das Ergebnis eines solchen Analyse-Prozesses haben?
- Wie können formale Grammatiken dazu genutzt werden, die Sätze einer Sprache maschinell zu erzeugen?

In der vorliegenden Einführung wird gezeigt, wie diese und ähnliche Fragen für die Computerlinguistik in den Gebieten der Syntax und der Satzsemantik zu beantworten sind, wobei teilweise auch Fragen der Morphologie, Lexik und Wortsemantik angesprochen werden. Viele andere Teilgebiete werden nicht behandelt; auf sie wird lediglich sporadisch verwiesen.

Bei einer wissenschaftlichen Disziplin, deren Name sich aus zwei Teilen zusammensetzt, muss man sich fragen, was dieser Name eigentlich genau bedeutet. Ist die Computerlinguistik der Teil der Linguistik, der auf Computer ausgerichtet ist? Handelt es sich um eine Disziplin, bei der es vor allem um die Entwicklung von Produkten geht? Oder ist womöglich etwas ganz anderes gemeint? Gehen wir dieses Problem an, indem wir uns fünf Auffassungen dazu ansehen, was die Computerlinguistik eigentlich sei.

Auffassungen

Auffassung 1: Die Computerlinguistik ist ein Teilgebiet der Linguistik

Nach dieser Auffassung behandelt die Computerlinguistik die gleichen Probleme wie die Linguistik, nur mit einer anderen, manche würden sagen, präziseren formalen Grundlegung und Methodik. Die Computerlinguistik verfolgt danach das gleiche Erkenntnisinteresse wie die Linguistik, nämlich Struktur und Verwendung der menschlichen Sprache zu untersuchen; dabei setzt sie als Besonderheit das Mittel der Simulation ein, indem sie Sprachverarbeitungsprozesse auf dem Computer durch Programme realisiert und dann das Sprachverhalten des Computers mit dem des Menschen vergleicht. Auf diese Weise können auch linguistische Theorien überprüft werden.

Auffassung 2: Die Computerlinguistik ist eine Ingenieurwissenschaft.

Für informationstechnologische Systeme (IT-Systeme), die mit natürlicher Sprache umgehen können, gibt es einen großen Bedarf. Auch wenn sie sich noch nicht in dem Maße durchgesetzt haben, wie es vor etwa 20 Jahren prognostiziert worden ist, so gibt es doch keinen Zweifel daran, dass wir in der Zukunft die Steuerung technischer Geräte häufig durch sprachliche Interaktion bewerkstelligen werden. Die Entwicklung von technischen Systemen oder Produkten, die einen konkret bestehenden Bedarf decken, ist Gegenstand der Ingenieurswissenschaften; die Computerlinguistik kann demzufolge auch als eine solche angesehen werden.

Auffassung 3: Die Computerlinguistik befasst sich mit den Mechanismen des menschlichen Geistes.

Man kann die Meinung vertreten, dass Sprachverarbeitungsprozesse, die mit dem Computer rekonstruiert werden, umso effizienter und genauer werden, je mehr sie sich an den kognitiven Mechanismen des Menschen orientieren. Wenn man also ein sprachverarbeitendes System entwickelt hat, das in bestimmter Hinsicht der menschlichen Sprachfähigkeit ebenbürtig ist, könnte man behaupten, dass auch der menschliche Geist in ähnlicher Weise wie dieses System arbeiten muss. Das ist eine Ansicht, die seit den siebziger Jahren in der Kognitionswissenschaft und Teilen der Künstliche-Intelligenz-Forschung vertreten wird.

Auffassung 4: Die Computerlinguistik ist eine Hilfswissenschaft für andere wissenschaftliche Disziplinen, die sich mit Sprache befassen.

In neuerer Zeit tritt die Computerlinguistik in immer neuen Zusammenhängen in Erscheinung: bei der Auswertung von Textsammlungen einer bestimmten Sprache oder zu einem bestimmten Gegenstand, bei der Suche von Informationen im Internet oder bei der automatischen Auswertung von digitalen Texten. Computerlinguistische Verfahren spielen dabei häufig die Rolle von Werkzeugen, um an bestimmte Informationen zu gelangen. Damit ähnelt die Computerlinguistik Disziplinen wie den historischen Hilfswissenschaften oder verschiedenen Fachinformatiken.

> Auffassung 5: Die Computerlinguistik ist eine eigenständige wissenschaftliche Disziplin.

In den letzten Jahrzehnten sind in der Computerlinguistik eine Reihe von Methoden, Theorien und Modellen entwickelt worden, die sie als eine eigenständige Wissenschaft profiliert haben. Eine Wissenschaft muss einen solchen eigenständigen Kern besitzen, wenn sie nicht nur als eine zweitrangige „Bindestrich-Wissenschaft" angesehen werden soll. Mit den Verarbeitungstechniken, wie sie in diesem Buch beschrieben werden, und einigen weiteren sowie mit einer wissenschaftssoziologischen Etablierung durch eine hinreichend große wissenschaftliche *Community* hat sich die Computerlinguistik schon seit einigen Jahrzehnten als eine eigenständige wissenschaftliche Disziplin bewiesen.

Welches ist nun die „richtige" Auffassung? Darüber besteht sogar unter den Computerlinguisten keine Einigkeit. Alle Auffassungen haben etwas für sich und für alle gibt es beeindruckende Forschungsergebnisse, die sie untermauern. Die Uneinigkeit über die „richtige" Auffassung, was die Computerlinguistik denn nun eigentlich sei, ist vor allem ein Zeichen dafür, dass es sich immer noch um eine junge Wissenschaft handelt, die sich in dem sehr dynamischen Feld der Informationstechnologie bewegt, wo Herangehensweise und Ansprüche ständig neu ausgehandelt werden.

Bezüge

Je nach Perspektivierung geht die Computerlinguistik Allianzen mit anderen Wissenschaftsdisziplinen ein. Dabei werden in unterschiedlicher Weise Bezüge hergestellt. Die folgende Übersicht zeigt mit Blick auf die oben dargestellten Auffassungen zur Computerlinguistik fünf Bezugsbereiche, die in der Computerlinguistik existieren:

Bezüge der Computerlinguistik zu anderen wissenschaftlichen Disziplinen

CL als Linguistik
⇒ Bezugsdisziplin: Linguistik
⇒ Art des Bezugs: CL übernimmt das allgemeine Erkenntnisinteresse

CL als Ingenieurwissenschaft
⇒ Bezugsdisziplin: Informatik
⇒ Art des Bezugs: CL übernimmt Methoden und die allgemeine Zielsetzung

CL als Simulation kognitiver Prozesse
⇒ Bezugsdisziplinen: Kognitive Psychologie, Künstliche-Intelligenz-Forschung
⇒ Art des Bezugs: CL wird als Simulationstechnologie verwendet

CL als Hilfswissenschaft
⇒ Bezugsdisziplinen: Germanistik, Anglistik, Romanistik und andere Philologien, Geschichte, Informationswissenschaft
⇒ Art des Bezugs: CL bezieht sich auf den jeweiligen Forschungsgegenstand

CL als eigenständige Disziplin
⇒ Bezugsdisziplinen: Logik, Statistik, Mathematik
⇒ Art des Bezugs: CL übernimmt bestimmte Methoden

Abschließend sollen die verschiedenen Bereiche der Computerlinguistik vorgestellt werden, und zwar geordnet in fünf Entwicklungslinien, die zugleich auch eine historische Abfolge kennzeichnen.

Seit den 1950er Jahren: Maschinelle Übersetzung

Die Idee, Texte automatisch durch Computer von einer Sprache in eine andere Sprache übertragen zu lassen, ist zugleich der Ursprung der Computerlinguistik. Nur wenige Jahre, nachdem die allerersten speicherprogrammierbaren Rechenmaschinen verfügbar waren, begannen in der damaligen Sowjet-Union und in den USA erste Entwicklungsprojekte. Sie standen ganz im Zeichen des Kalten Krieges zwischen Ost und West und sollten die schnelle Übertragung von militärischen und technischen Dokumenten gewährleisten. Nach anfänglichen Erfolgen gerieten die Bemühungen bald in eine Sackgasse, weil die linguistischen Strukturen noch zu wenig berücksichtigt worden waren. Mitte der 1960er Jahre wurden die meisten staatlich geförderten Projekte beendet, und die privatwirtschaftliche Entwicklung der Maschinellen Übersetzung begann. Heute gibt es eine Reihe von Unternehmen, die Systeme zur Maschinellen Übersetzung verkaufen oder anderen IT-Unternehmen lizensieren.

Die Erforschung der Maschinellen Übersetzung ist eines der interessantesten Gebiete der Computerlinguistik, weil darin sehr viele Teilbereiche für ein sinnvolles Ziel miteinander verbunden werden. Die kommerziellen Systeme wollen dabei nicht beliebige Texte hochqualitativ übersetzen können, sondern sie konzentrieren sich auf bestimmte Anwendungsszenarien etwa im medizinischen oder im technischen Bereich, wo sie sich reibungslos in einen existierenden Arbeitsablauf integrieren lassen. Spezialisierte Systeme erreichen heute eine recht hohe Übersetzungsqualität, wobei ein nur geringer Nachbearbeitungsaufwand entsteht. Neuere Forschungen zur Maschinellen Übersetzung befassen sich mit der Übersetzung gesprochener Sprache per Handy oder von Texten im Internet.

Seit den 1960er Jahren: Entwicklung linguistischer Datenverarbeitungsverfahren

Aus den Versuchen zur Maschinellen Übersetzung wurde nach einiger Zeit deutlich, dass noch gewaltige Lücken in der Erforschung spezieller linguistischer Datenverarbeitungsverfahren zu schließen waren. Nachdem mit der Entwicklung der *Generativen Transformationsgrammatik* nach Chomsky (1957; 1965; später nur als *Generative Grammatik* bezeichnet) und ähnlicher Grammatikformalismen die ersten formalen Regelwerke zur Beschreibung von Sprache vorlagen, ging es darum, Algorithmen zu entwickeln, die derartige Grammatiken nutzen konnten, um konkrete Sätze einer Sprache maschinell zu analysieren oder zu erzeugen. Ein besonders großes Gewicht kam dabei der automatischen Syntaxanalyse, dem *Parsing*, zu, weil diese lange Zeit als ein Paradefall für die automatische Sprachverarbeitung galt. Ausgehend von Methoden der Informatik, die für die Analyse von Programmiersprachen entstanden waren, wurden nach und nach Verfahren entwickelt, die auf die Besonderheiten der natürlichen Sprachen zugeschnitten waren und so bis heute einen methodischen Kernbestand der Computerlinguistik bilden.

Auch heute noch stellt die Erforschung derartiger Verfahren einen wichtigen Teilbereich der Computerlinguistik dar, allerdings steht mittlerweile nicht mehr die Realisierung als solches im Mittelpunkt, sondern die Optimierung der Verfahren in der Weise, dass sie *robust* auch auf nicht ganz korrekte Sprachdaten angewendet werden können und dabei trotzdem schnell zu verlässlichen Ergebnissen kommen.

Seit den 1970er Jahren: Formale Modellierung von Syntax, Semantik, Pragmatik, Text und Dialog

Nach der Revolution, die Chomsky für die formale Grammatiktheorie in den sechziger Jahren einleitete, bildet ab den siebziger Jahren auch in der Computerlinguistik die Modellierung größerer, differenzierterer Grammatiken eine zentrale Zielsetzung. Wurden diese zunächst auf die bereits zur Verfügung stehenden Verarbeitungsverfahren abgestimmt, stellte sich bald heraus, dass es wesentlich effektiver ist, Grammatiken unabhängig von ihrer späteren Nutzung in Sprachverarbeitungssystemen zu formulieren, um bei technologischen Veränderungen nicht zugleich auch die Grammatikregeln ändern zu müssen. Eine wichtige Errungenschaft stellen in diesem Zusammenhang die sogenannten *unifikationsbasierten Grammatikformalismen* dar, bei denen der Informationsfluss zwischen den Bestandteilen eines Satzes anhand eines einfachen Prinzips beschrieben wird.

Auch die anderen Aspekte der Sprache kamen in dieser Zeit in den Blick der Computerlinguistik: So wurden die Grundlagen für die maschinelle Verarbeitung von Bedeutungen gelegt und erste Systeme entwickelt, die ganze Texte zu analysieren erlauben. Es entstanden auch erste Dialogsysteme, die es einem Benutzer ermöglichten, Anfragen an Datenbanken oder Expertensysteme in natürlicher Sprache zu formulieren. In den 1970er Jahren konnte die Computerlinguistik also auf viele Erfolge verweisen; die grundlegende Methodik bestand darin, die Sprachverarbeitung auf Regeln zurückzuführen, die von Menschen formuliert werden und die auf syntaktischen, semantischen oder textuellen Kategorien operieren. Man spricht deshalb auch von *regelbasierten* oder *symbolischen Verfahren*.

Seit den 1980er Jahren: Integration stochastischer Verfahren

So erfolgreich die regelbasierte Sprachverarbeitung auch war, so stieß sie doch immer dann an ihre Grenzen, wenn es darum ging, sprachliche Phänomene in ihrer ganzen Breite zu erfassen. In der realen Sprachverwendung treten immer wieder „Fehler“ auf, die dem Menschen beim Sprachverstehen kaum Probleme bereiten, sich aber nicht in die Regeln für die vermeintlich „korrekte“ Sprachverwendung fügen. Außerdem sind die sprachlichen Erscheinungsformen so vielfältig, dass eine rein intellektuelle Regelentwicklung viele Lücken bestehen lässt. Aus diesem Grund kamen ab den 1980er Jahren Verfahren auf, bei denen die Regeln mit Wahrscheinlichkeiten versehen wurden, so dass auch weniger „korrekte“ Konstruktionen verarbeitet werden konnten. Man spricht im Gegensatz zu den regelbasierten von *stochastischen Verfahren* (Stochastik = mathematische Wahrscheinlichkeitstheorie). Die Wahrscheinlichkeiten werden durch statistische Analysen großer digitaler Textbestände, sogenannter *Korpora*, ermittelt.

Einen enormen Schub erhielten die stochastischen Verfahren durch den Aufstieg des *World Wide Web* seit Anfang der 1990er Jahre. Schon in der Mitte dieses Jahrzehnts waren Korpora verfügbar, die alles zuvor in den Schatten stellten – bis heute sind die Möglichkeiten der statistischen Auswertung großer Korpora für die maschinelle Sprachverarbeitung immer noch nicht völlig ausgereizt und bilden deshalb weiterhin einen wichtigen Forschungsbereich.

Dass diese vier Phasen einander nicht abgelöst haben, sondern sie bis in die Gegenwart parallel existieren, lässt sich besonders gut im Bereich der Maschinellen Übersetzung zeigen. Nach den ersten frühen Versuchen wurden hier zunächst spezielle Sprachverarbeitungsverfahren integriert, später elaborierte Grammatiken und Übersetzungsregeln entwickelt, die den formalen Erkenntnissen der Zeit entsprachen. In jüngerer Zeit haben auch hier statistische, korpusbasierte Methoden Einzug gehalten, und heute sind die meisten in diesem Bereich tätigen Wissenschaftler der Ansicht, dass regelbasierte und stochastischer Verarbeitungsverfahren miteinander kombiniert werden müssen.

Parallel zu diesen vier Phasen gab es eine weitere Entwicklungslinie:

> Entwicklung spezieller Sprach- und Textverarbeitungssysteme parallel zu den vier anderen Entwicklungsphasen

Dabei ging es um Lösungen für ganz konkrete Probleme: die Extraktion von Informationen und Wissen aus Texten, die automatische Erstellung von Textzusammenfassungen, die Entwicklung von Sprachlernsystemen, die Konstruktion von elektronischen Kommunikationshilfen – etwa für Behinderte oder zur Nutzung im Auto –, die Analyse und Synthese gesprochener Sprache, die Programmierung von Rechtschreib- und Grammatikkorrekturprogrammen für Textverarbeitungssysteme und vieles mehr. Bei vielen dieser Entwicklungen wurde natürlich auf die Erkenntnisse im Kernbereich der Computerlinguistik zurückgegriffen, in manchen Bereichen, beispielsweise bei der Informationsextraktion, wurden und werden aber auch ganz eigenständige Verfahren entwickelt, deren Anspruch es einzig und allein ist, nur dieses eine Sprachverarbeitungsproblem zu lösen. Viele davon befassen sich mit der Verarbeitung von Texten, weshalb wir uns im nächsten Abschnitt näher damit befassen werden.

2.2 TT-1: Texttechnologie – Die Digitalisierung von Texten

Die Texttechnologie ist ein weit weniger etabliertes Gebiet als die Computerlinguistik. Ein wichtiger Meilenstein der Entstehung der Texttechnologie war die Verabschiedung der *Standard Generalized Markup Language* (SGML) als internationaler Standard im Jahre 1986. SGML hat die Informationstechnologie aus den Fesseln der technischen Abhängigkeiten befreit und einen Weg eröffnet, Information ausschließlich auf der Grundlage ihrer inneren Gesetzmäßigkeiten und ihrer Funktion zu modellieren und zu verarbeiten. Zur wichtigsten Anwendung von SGML wurde schon bald das *World Wide Web*. Die dabei verwendete Seitenbeschreibungssprache HTML (*Hypertext Markup Language*) ist eine SGML-Anwendung, die auf spektakuläre Weise demonstrierte, wie eine maschinen- und softwareunabhängige Informationsmodellierung den Austausch, die Verknüpfung und die Manipulation von Daten in weltumspannender Weise möglich machen kann. Der nächste Schritt bestand darin, das sehr komplexe Regelwerk von SGML zu vereinfachen und direkt, nicht nur vermittelt durch HTML, für die Anwendung im Internet tauglich zu machen. Dies war der Ursprung der *Extensible Markup Language* (XML), die seit Anfang 1998 vorliegt. Alles, was in SGML ohnehin kaum genutzt wurde, ist dabei weggelassen worden, ohne dabei die Ausdrucksmöglichkeiten prinzipiell einzuschränken. Diese Reduktion ist so überzeugend gelungen, dass XML seitdem auch dort eingesetzt wird, wo die Online-Fähigkeit der Daten gar nicht im Vordergrund steht.

SGML

HTML

XML

Lobin/Lemnitzer definieren das Gebiet der Texttechnologie in folgenden Weise:

Definition von „Texttechnologie" nach Lobin/Lemnitzer (2004, 1)

Als Texttechnologie bezeichnen wir die Entwicklung von Verfahren, die präzise und deshalb algorithmisierbar sind und die auf Texte als semistrukturierte Daten angewendet werden. Die Texttechnologie ist in diesem Sinne wissenschaftlich begründete Praxis. Texttechnologie ist dadurch abzugrenzen

- von anderen sprachtechnologischen Domänen, deren Gegenstand zumindest nicht in erster Linie Texte sind,
- von der Datenbanktechnologie, die sich mit der Verwaltung und Abfrage von strukturierten Daten befasst, die Texttechnologie hingegen mit semistrukturierten Daten,
- von textorientierten Verfahren wie der theologischen, philologischen und juristischen Exegese, denen bezüglich des gleichen Untersuchungsgegenstandes andere Methoden und Untersuchungsziele zugrunde liegen.

Am nächsten liegt die Texttechnologie den Gebieten des Dokumentenmanagement und des Elektronischen Publizierens. Bei diesen steht jedoch das Dokument und insbesondere dessen äußere Eigenschaften im Mittelpunkt des Interesses, textlinguistische Fragestellungen, die geradezu konstitutiv sind für die Texttechnologie, spielen dort höchstens eine untergeordnete Rolle.

Die zentrale Formulierung in dieser Definition ist die von „Texten als semistrukturierten Daten" – Texte werden in der Texttechnologie also nicht in erster Linie als linguistische Gebilde verstanden, sondern als eine bestimmte Art von Daten, die eine gewisse Strukturierung aufweisen – z.B. die in Sätze oder Überschriften und Absätze –, aber nicht so „durchstrukturiert" sind, wie es etwa bei tabellarisch erfassten Produktdaten der Fall ist.

Texte als Zeichen

Texte können wie auch andere sprachliche Erscheinungsformen als Zeichen verstanden werden. Zeichen kann man als die Vereinigung eines Inhaltskonzepts mit einer bestimmten Ausdrucksform definieren. Bei Texten besteht der Inhalt aus der durch den inhaltlichen Textaufbau bedingten Verbindung der Satzbedeutungen; der Ausdruck ist die äußere Form des Dokuments, von der Schrifttype bis zur Seiten- oder Bildschirmgestaltung.

Die technologische Entwicklung der Kulturtechnik des Schreibens hat schrittweise zur Entkopplung und Abstraktion dieser beiden Aspekte textueller Zeichen geführt. Sind beim handschriftlichen Verfassen eines Textes die inhaltliche und die ausdrucksseitige Realisierung noch untrennbar miteinander verbunden, entstehen gedruckte Texte aus der Kombination zweier getrennter, den Inhalt und den Ausdruck betreffender Arbeitsphasen. Sowohl Inhalt als auch Ausdruck eines Textdokuments weisen in sich Regularitäten auf, die in allgemeiner Form beschrieben werden können. Charakterisiert man etwa, wie ein Brief oder eine Gebrauchsanweisung normalerweise inhaltlich aufgebaut ist, spricht man nicht über den Inhalt als solches, sondern über die *Struktur des Inhalts*. In gleicher Weise kann man anstatt von einem bestimmten Ausdruck von der *Struktur des Ausdrucks* eines Textes sprechen. Das bedeutet, dass es nicht um konkrete Gestaltungsmerkmale geht, sondern um die Ausdrucksfunktion, die damit verbunden ist. Kursivdruck beispielsweise kann für verschiedene Zwecke verwendet werden, wird er aber für die Schreibung eines wichtigen Begriffs im Text verwendet, geht es um die abstrakte strukturelle Funktion der Hervorhebung.

Digitalisierung

Im Zuge der Digitalisierung der Texterstellung und -bearbeitung sind zunächst Methoden und Techniken entwickelt worden, mit der Ausdrucksseite eines Textes flexibler umgehen zu können, als es beim Druck oder beim handschriftlichen Schreiben möglich ist. Texteditoren, die wie etwa Microsoft Word die unmittelbare Manipulation der Ausdrucksseite eines Textes, also seiner Gestaltung in den Vordergrund stellen, werden heute meistens nach dem „What you see is what you get"-Prinzip entworfen – danach entspricht das Aussehen des Textes auf dem Bildschirm weitgehend seiner Gestalt im Ausdruck. Mit der Idee des sogenannten generischen Markup ist es allerdings auch möglich geworden, die Struktur des Ausdrucks formal zu beschreiben und damit Texte unabhängig vom konkreten Ausdruck so zu strukturieren, dass mit allgemeinen, einfachen Verfahren unterschiedliche Medien und Erscheinungsformen bedient werden können. Strukturierte Texte bilden deshalb eine Art informationellen Rohstoff im Publikationsprozess, der für verschiedene Zwecke eingesetzt und „veredelt" werden kann.

Die Texttechnologie kann neben einem Grundlagen- und Methodenbereich danach gegliedert werden, ob es sich um Anwendungen handelt, die für die Linguistik oder Sprachtechnologie nutzbar gemacht werden oder für den allgemeineren Bereich der Informationserschließung. Lobin/Lemnitzer untergliedern diese drei Hauptbereiche folgendermaßen:

Bereiche der Texttechnologie nach Lobin/Lemnitzer (2004)

- **Grundlagen und Methoden**
  - Text und Hypertext
  - Textauszeichnungssprachen und Dokumentgrammatiken
  - Quantitative Methoden
  - Formale Grundlagen
  - Modellierung von Metadaten
  - Systemarchitekturen
- **Linguistik und Sprachtechnologie**
  - Linguistische Korpora
  - Linguistische Annotation
  - *Lexical Acquisition*
  - Textgenerierung
  - *Text to Speech*-Systeme
- **Informationserschließung**
  - *Text Mining*
  - *Information Retrieval*
  - *Querying*
  - Automatische Textzusammenfassung
  - Texttechnologie und das *World Wide Web*

Zu Beginn des vorherigen Abschnitts war die Textlinguistik als ein zentraler Bereich der Linguistik benannt worden. Auch die Computerlinguistik befasst sich mit Problemen der Textanalyse und des Textverstehens. An dieser Übersicht über die Teilbereiche der Texttechnologie wird nun deutlich, dass an verschiedenen Stellen Textlinguistik, Computerlinguistik und die texttechnologische Perspektive zusammenfallen.

Teilbereiche der Texttechnologie

Bei *linguistischen Korpora* werden die Möglichkeiten der Texttechnologie eingesetzt, um die linguistische Erkenntnisgewinnung zu unterstützten, im Bereich der *linguistischen Annotation* geht es in ähnlicher Weise darum, linguistische Kategorien in texttechnologisch aufbereitete Textdaten zu integrieren. Der Bereich der *Lexical Acquisition* greift auf texttechnologische Verfahren zurück, um Wortinformationen systematisch aus großen Textbeständen zu gewinnen und in Lexikon-Strukturen zu verwandeln. Das Ziel der *Textgenerierung* besteht darin, die Textanalyse umzukehren und Informationen in lesbare Texte zu überführen. Und mit den *Text to Speech*-Systemen tritt auch die Seite der gesprochenen Sprache mit der Texttechnologie in Verbindung: Wie kann man beispielsweise eine Web-Seite mit all ihren grafischen und typografischen Merkmalen akustisch einem Blinden verfügbar machen?

Für die allgemeine, also nicht auf das linguistische Erkenntnisinteresse ausgerichtete Informationserschließung bilden *Text Mining* und *Information Retrieval* wichtige Anwendungsbereiche. Bei letzterem wird gezielt nach bestimmten Informationen in großen Textbeständen gesucht, während *Text Mining* ein Korpus wie ein Bergwerk betrachtet, aus dem interessante inhaltliche Zusammenhänge über bestimmte Wissensbereiche mit statistischen Mitteln herausgebrochen werden können. Beim *Querying* geht es um die Abfrage von strukturierten Dokumenten, ähnlich wie es in Datenbanken geschieht. Beim *automatischen Zusammenfassen* von Texten spielen neben textstrukturellen Merkmalen auch verschiedene linguistische Eigenschaften des Textes eine wichtige Rolle, so dass auch hier texttechnologische und computerlinguistische Verfahren Hand in Hand arbeiten müssen. Im Web schließlich wird die Texttechnologie in verschiedener Hinsicht eingesetzt, HTML bildete dabei den Anfang.

Wir werden uns in den texttechnologischen Kapiteln dieses Buches vor allem mit Grundlagen und Methoden befassen, dabei muss aber immer berücksichtigt werden, dass diese auf ganz spezifische Anwendungsszenarien zugeschnitten sind.

2.3 Fazit, Aufgaben, Vertiefung

Fazit

Die Computerlinguistik befasst sich mit der maschinellen Verarbeitung von Sprache, welche sie in ähnlicher Weise in Teilbereiche unterteilt, wie es auch in der allgemeinen Linguistik geschieht. Es gibt verschiedene Auffassungen der Computerlinguistik: Sie kann als ein Teilgebiet der Linguistik verstanden werden, als eine Ingenieurwissenschaft, als ein Teilgebiet der Kognitionswissenschaft, als eine Hilfswissenschaft für andere sprachbezogene Disziplinen oder als eine eigenständige Wissenschaft. Je nach Perspektive können unterschiedliche Bezüge zu verschiedenen anderen Disziplinen hergestellt werden. Die erste Phase der Entwicklung der Computerlinguistik verfolgte das Ziel, die maschinelle Übersetzung von Texten zu realisieren. Die damit verbundenen Probleme führten zu einer Hinwendung zu grundlegenden Fragen der linguistischen Datenverarbeitung und zur Entwicklung formaler Modelle der zentralen linguistischen Bereiche. In neuerer Zeit ist eine verstärkte Integration statistischer oder wahrscheinlichkeitsbasierter Verfahren zu beobachten. Parallel zu diesen Phasen hat es immer auch die Entwicklung von System für ganz bestimmte Sprach- oder Textverarbeitungsprobleme gegeben.

Die Entwicklung der Texttechnologie hängt eng zusammen mit SGML, der *Standard Generalized Markup Language*, die auch die Grundlage bildet für HTML, die *Hypertext Markup Language*, den wichtigsten Standard im *World Wide Web*. Eine vereinfachte Variante stellt die *Extensible Markup Language* (XML) dar. Die Texttechnologie befasst sich generell mit Verarbeitungsverfahren von Texten als semistrukturierten Daten und ist, trotz einiger Überschneidungen, abzugrenzen von der textorientierten Computerlinguistik auf der einen Seite und der Datenbanktechnologie auf der anderen Seiten. Eine Grundüberzeugung besteht darin, dass Inhalt und Ausdruck von Texten in abstrakter struktureller Form dargestellt werden können, um damit die Möglichkeit zu schaffen, unterschiedliche konkrete Erscheinungsformen daraus mit maschinellen Verfahren abzuleiten. Die Anwendungen der Texttechnologie lassen sich unterteilen in solche, die die Verarbeitung von Sprachressourcen zum Gegenstand haben, und solche, die das Ziel der Informationserschließung verfolgen.

CL-Aufgaben

1. Überlegen Sie sich, wo Sie schon einmal mit computerlinguistischen Anwendungen zu tun hatten. Welche Ebenen der Linguistik waren dabei betroffen? Wo würden Sie selbst den Einsatz von computerlinguistischen Systemen für sinnvoll halten?
2. Suchen Sie Web-Seiten von Unternehmen, die Software für Maschinelle Übersetzung oder automatische Übersetzungsdienste anbieten und online Testversionen zur Verfügung stellen. Testen Sie diese Übersetzungssysteme mit Texten verschiedener Art und beschreiben Sie die Stärken und Schwächen der Systeme.

TT-Aufgaben

3. Sicherlich kennen Sie das Textverarbeitungssystem Word der Firma Microsoft. Damit kann man nicht nur Texte schreiben, es gibt auch einige durchaus interessante texttechnologische Anwendungen darin. Finden Sie die Funktion „AutoZusammenfassen", laden Sie einen längeren Text und experimentieren Sie mit den verschiedenen Möglichkeiten, diesen durch das Programm automatisch zusammenfassen zu lassen. Versuchen Sie, herauszufinden, wie die automatische Textzusammenfassung hier funktioniert.

Vertiefung

Eine umfassende Einführung in die Computerlinguistik mit enzyklopädischem Charakter stellt Carstensen *et al.* (2004) dar; dieses Buch kann für alle in der vorliegenden Einführung behandelten Gebiete als Vertiefung herangezogen werden. Das klassische Werk zur Geschichte der Maschinellen Übersetzung bildet Hutchins (1986), Selbstzeugnisse der Pioniere finden sich in Hutchins (2000). Für den Bereich der Texttechnologie kann auf Lobin/Lemnitzer (2004) verwiesen werden. Auch mit diesem Werk können sämtliche hier angerissenen Themengebiete vertieft werden. Die wichtigsten Anwendungsbereiche von Computerlinguistik und Texttechnologie werden einschließlich ihrer historischen Entwicklung in Carstensen (2009) überblicksartig dargestellt.

3. Grammatiken

3.0 Ziele und WarmUp

Wörter werden zu Sätzen zusammengefügt, und dabei gelten bestimmte Regeln. Alle Menschen kennen diese Regeln von frühester Kindheit an, meist ohne sie für ihre Muttersprache bewusst benennen zu können. Das zentrale Problem der Computerlinguistik besteht darin, dieses Regelwissen so zu beschreiben, dass automatisierbare Verfahren der Analyse und der Erzeugung von Sätzen beschrieben werden können. Auch der Aufbau von Texten folgt bestimmten Regeln, die sich in ähnlicher Weise beschreiben lassen. Für beide Anwendungen von Grammatiken lautet die wichtigste Frage: Wie lassen sich einzelne Elemente zu größeren Einheiten kombinieren?

Ziele

In diesem Kapitel werden wir

- grundlegende Prinzipien der grammatischen Strukturierung kennen lernen,
- konstituenzielle und dependenzielle Analysen durchführen,
- Sätze mit einer Grammatik produzieren,
- uns überlegen, wie auch Texte grammatisch beschrieben werden können und
- einen Standard für für die Beschreibung von Textgrammatiken kennen lernen.

WarmUp

In welche Teile lässt sich der Satz *Der Mann legt das Buch auf den Tisch* zerlegen? Welche Wörter in diesem Satz können weggelassen werden, ohne dass der Satz ungrammatisch wird? Welche Teile des Satzes lassen sich an eine andere Stelle verschieben? Wie verändert sich der Satz durch die Verschiebung einzelner Wortgruppen? Welche Wörter sind „wichtiger" in diesem Satz, welche weniger „wichtig"?

3.1 CL-2: Kontextfreie Grammatiken – Bäume aus Wörtern

Jedermann weiß, dass die Wörter in einem Satz nicht beliebig angeordnet sein dürfen, sondern eine bestimmte Reihenfolge aufweisen müssen. Der Teilbereich der Linguistik, der sich mit diesem Problem befasst, ist die Syntax. Grundlegend für Überlegungen in diesem Bereich ist die Erkenntnis, dass ein Wort im Satz zwei verschiedene Arten von Bezügen eingehen kann, *syntagmatische* und *paradigmatische*.

Definition: *Syntagmatische Relation*

Bezüge, die ein Wort zu anderen vor oder nach ihm erscheinenden Wörtern in einer Wortgruppe aufweist, werden als *syntagmatische Relationen* bezeichnet. Die fundamentalste syntagmatische Relation ist die der unmittelbaren Nachbarschaft zweier Wörter. Eine Wortgruppe, deren Einheiten durch syntagmatische Relationen miteinander verbunden sind, nennt man auch *Syntagma*.

Definition: *Paradigmatische Relation*

Bezüge, die ein Wort, das in einer Wortgruppe erscheint, zu anderen Wörtern aufweist, die an der gleichen Stelle in der Wortgruppe erscheinen könnten, werden als *paradigmatische Relationen* bezeichnet. Derartige Wörter können zu Gruppen zusammengefasst werden, die auch *Paradigma* genannt werden. Bei der Bildung von Gruppen können formale oder inhaltliche Kriterien geltend gemacht werden.

Sehen wir uns an einem Beispiel an, was das bedeutet:

(1) Außenminister Steinmeier ist *irritiert* über die Reise von Kanzlerin Merkel.

Wenn wir das Wort *irritiert* betrachten, so können wir feststellen, dass es offensichtlich genau an dieser Position im Satz erscheinen muss, nach *ist* und vor *über*, es wird also über syntagmatische Relationen mit diesen Wörtern verbunden. In paradigmatischer Hinsicht kann es ersetzt werden durch Wörter wie *verärgert, erfreut, verunsichert* usw. Zusammen mit *irritiert* bilden derartige Wörter also ein Paradigma.

Man kann nun sagen, dass es die Aufgabe der Grammatik ist, Syntagmen zu beschreiben und dafür Paradigmen zu verwenden. Dabei ist man an den allgemeinen Gesetzmäßigkeiten interessiert, mit denen man versucht, konkrete Sätze in Einklang zu bringen. Wie kann man nun aber Paradigmen und darauf aufbauend Syntagmen in allgemeiner Form beschreiben? Man muss sie typisieren, d.h. in Gruppen zusammenfassen und mit einer allgemeinen Bezeichnung versehen. Eine wichtige Voraussetzung dafür bilden die Wortarten:

Definition: *Wortarten im Deutschen:*

Verb (V): Verben sind diejenigen Wörter, die eine finite Form aufweisen können. Eine finite Verbform wird gebildet durch die erste, zweite oder dritte Person im Singular oder Plural. Beispiel: *lache, lachst, lacht.* Neben einer finiten Verbform kann ein Verb auch infinite Formen annehmen: *lachend* (Partizip I), *gelacht* (Partizip II) und *lachen* (Infinitiv).

Nomen (N): Nomina sind diejenigen Wörter, die sich nach Kasus (Nominativ, Genitiv, Dativ, Akkusativ) und normalerweise nach Numerus (Singular, Plural) verändern (deklinieren) lassen und dabei ein unveränderliches Genus (Maskulinum, Femininum, Neutrum) besitzen. Beispiele: *Buch, Buches, Bücher.*

Determinativ (D): Determinative sind Wörter, die sich hinsichtlich Kasus, Numerus und Genus verändern lassen, die vor einem Nomen erscheinen und mit diesem zusammen eine Nominalphrase (Wortgruppe mit Nomen als Kopf) bilden: *das Buch, ein Buch, drei Bücher, kein Buch.* Dabei passt sich das Determinativ in seiner Flexion der des Nomens an.

Pronomen (PRO): Pronomina sind diejenigen Wörter, die sich hinsichtlich Kasus, Numerus, Genus und Person deklinieren lassen und im Satz anstelle einer Nominalphrase erscheinen können: *dieses Buch → es/dieses/jenes, Peter lachte → er/ich/niemand lachte.*

Adjektiv (A): Adjektive lassen sich nach Kasus, Numerus und Genus deklinieren und können zwischen einem Artikel und einem Nomen stehen: *das alte Buch, die alten Bücher.* Viele Adjektive können kompariert (gesteigert) werden: *alt, älter* (Komparativ), *(am) ältesten* (Superlativ). Ein Besonderheit deutscher Adjektive besteht darin, dass sie sich auch in Abhängigkeit von der Art des Artikels verändern: das *alte* Buch (definit), ein *altes* Buch (indefinit)

Adverb (ADV): Adverbien sind nicht veränderliche Wörter, die am Satzanfang stehen und als Antwort auf Sachfragen dienen können: *Wo ist das Buch? Hier/dort/oben/daneben.*

Präposition (P): Präpositionen sind unveränderliche Wörter, die sich mit einem Nomen in einem bestimmten Kasus verbinden, der von ihnen festgelegt wird: *wegen des Buches*, *neben dem Buch*, *auf das Buch*

Partikel (PTL): Partikeln sind alle anderen unveränderlichen Wörter. In dieser großen und heterogenen Gruppe können weitere Untergruppen gebildet werden, etwa die der Modalpartikeln (*sicherlich*, *vielleicht*), der Negationspartikeln (*nicht*, *gar nicht*), der Subjunktoren (SUB; *weil*, *wenn*, *dass*, *nachdem*) und der Konjunktoren (KON; *und*, *oder*, *sowohl...als auch*)

Sieht man sich die Definitionen genauer an, dann kann man feststellen, dass es Wortarten mit ganz unterschiedlichen Eigenschaften gibt. Da sind zum einen die veränderlichen Wortarten wie Nomen, Verb, Adjektiv usw. und zum anderen die unveränderlichen wie Adverb, Präposition und Partikeln. Weiterhin gibt es Wortarten, deren Bestand im gegenwärtigen Deutsch feststeht, also keine neuen Wörter in dieser Gruppe bei Bedarf gebildet werden können. Dieses ist z.B. bei den Präpositionen und den Konjunktoren der Fall. In anderen Gruppen können bei Bedarf neue Wörter gebildet werden – dieses sind „offene" Wortklassen wie die des Nomens, des Verbs und des Adjektivs. In allen Wortarten können weitere Untergruppen gebildet werden, wenn man sich nur auf bestimmte Wörter der Gruppe beziehen möchte. So können Eigennamen wie *Hans* oder *Merkel* oder Massenomina wie *Wasser* oder *Mehl* als Untergruppen der Nomina gebildet werden, die Artikel *der/die/das* und *ein/eine* als Untergruppe der Wortart Determinativ.

Wortarten-Kategorien

Die Wortarten werden jeweils durch eine Abkürzung gekennzeichnet: V, N, A usw. Diese Bezeichnungen stehen aber auch für die jeweiligen Klassen als ganzes und werden deshalb auch als *Wortarten-Kategorien* bezeichnet. Wenn deutlich gemacht werden soll, dass es sich dabei um eine Kategorie mit bestimmten Eigenschaften handelt, verwenden wir zusätzlich Indizes an den Kategorie-Symbolen. N_{akk} ist dann beispielsweise die Klasse der Nomina im Akkusativ, $N_{akk,pl}$ die der Nomina im Akkusativ Plural. Auch bei Wörtern werden im Folgenden solche Indizes verwendet, etwa um deutlich zu machen, welcher Wortart sie angehören.

Nachdem wir nun die wichtigsten Wortarten bestimmt haben und damit bestimmten Wort-Paradigmen Typen zugeordnet haben, müssen wir die zweite Frage klären: Wie können wir Syntagmen in allgemeiner Form bestimmen? Wenn wir ein Syntagma wie *auf dem Buch* zu analysieren haben, können wir grundsätzlich zwei verschiedene Wege gehen. Entweder können wir das Syntagma in seine Einzelteile zerlegen und versuchen, diese Zerlegung durch allgemeine Regeln zu beschreiben. Oder wir beschreiben, welches Wort für das Erscheinen welchen anderen Wortes „verantwortlich" ist, welche Abhängigkeiten also zwischen den Wörter bestehen. Das erste Prinzip wird als *Konstituenz* bezeichnet, das zweite als *Dependenz*.

> **Definition: *Konstituenz und Dependenz***
>
> Bei der *konstituenziellen* Analyse wird ein Syntagma in Teile zerlegt, die man als *unmittelbare Konstituenten* bezeichnet. Die Zerlegung muss nach bestimmten Kriterien erfolgen, die man durch Tests überprüfen können muss. Ein Kriterium ist z.B., dass eine Konstituente, die durch Zerlegung entsteht, ein Vertreter eines Paradigmas ist, das wiederkehrende Eigenschaften aufweist, oder dass sich eine Konstituente als ganzes im Satz auch an anderer Stelle positionieren lässt.
> Bei der *dependenziellen Analyse* untersucht man, welche Wörter in einem Syntagma andere Wörter in ihrem Erscheinungsbild steuern oder ihr Auftreten überhaupt legitimieren. Ein Nomen erfordert z.B. von einem Determinativ und einem Adjektiv, die vor ihm erscheinen, ein bestimmtes Genus und nicht umgekehrt. Der spezifische Zusammenhang, der auf diese Weise zwischen zwei Wörtern in einem Syntagma ermittelt wird, wird auch als *Dependenz-Relation* bezeichnet.

Konstituenzielle Analyse

Sehen wir uns an, was das in der Praxis bedeutet: Das Syntagma

(2) auf dem Buch

kann folgendermaßen aufgeteilt werden:

(3) [auf] [dem Buch]

Warum so? Warum nicht in dieser Weise:

(4) [auf dem] [Buch]

Dafür gibt es mehrere Argumente: In (3) sind *dem* und *Buch* zusammengefasst, was ihren morphologischen Zusammenhang auszudrücken vermag. Das Nomen *Buch* zwingt ja dem Artikel sein Genus auf, es könnte nicht heißen *die Buch*. Und die Präposition *auf* erzwingt für die ganze nachfolgende Nominalgruppe einen bestimmten Kasus: *dem Buch* und nicht *des Buches* (mit *auf* kann auch eine Nominalgruppe im Akkusativ kombiniert werden, dann hat das sich ergebende Syntagma allerdings eine andere Bedeutung, nämlich die einer Richtung). Die Aufteilung in (3) hat gegenüber der in (4) außerdem den Vorteil, dass wir die zweite Konstituente, die Nominalgruppe, auch nahezu beliebig erweitern und reduzieren können:

(5) [auf] [dem dicken Buch]
[auf] [dem Buch von Hans]
[auf] [dem Buch, das ich gerade aus dem Regal geholt habe]
[auf] [dém] (mit Betonung)

Derartiges ist ausgehend von der Aufteilung in (4) nicht so gut möglich.

Wenn wir nun noch einen Schritt weitergehen, können wir auch *dem Buch* in seine Einzelteile, die beiden Wörter, aufteilen. Damit ergeben sich die folgenden beiden Zerlegungsschritte:

(6) [auf dem Buch] → [auf] [dem Buch]
[dem Buch] → [dem] [Buch]

verschachtelte Klammerung

Diese Zerlegung können wir auf einen Schlag in dem Syntagma durch eine verschachtelte Klammerung darstellen:

(7) [[auf] [[dem] [Buch]]]

Wir können nun versuchen, den dabei entstehenden Konstituenten Kategorien zuzuordnen. Das ist für *auf*, *dem* und *Buch* nicht schwierig, denn das sind die Wortarten-Kategorien P, D und N. Beim Syntagma *dem Buch* haben wir schon gesehen, dass hier das Nomen eine zentrale Funktion einnimmt – sowohl in morphologischer Hinsicht und natürlich auch hinsichtlich der Bedeutung des Gesamtgebildes. Ein solches Syntagma, in dessen Zentrum ein Nomen erscheint und das auch Erweiterungen wie die in (5) aufweist, wird eine *Nominalphrase* (NP) genannt. Dementsprechend können wir von dem Gesamtsyntagma *auf dem Buch* von einer *Präpositionalphrase* (PP) sprechen, da hier ja die Präposition eine steuernde Funktion auf die NP ausübt, indem sie den Kasus Dativ fordert, und nicht umgekehrt. Wir ergänzen diese Wortarten- und Phrasenkategorien in der konstituenziellen Zerlegung:

(8) [auf dem Buch]$_{PP}$ → [auf]$_{P}$ [dem Buch]$_{NP}$
[dem Buch]$_{NP}$ → [dem]$_{D}$ [Buch]$_{N}$

Oder wieder als verschachtelte Klammerung:

(9) [[auf]$_{P}$ [[dem]$_{D}$ [Buch]$_{N}$]$_{NP}$]$_{PP}$

Wenn wir nun in (8) die konkreten Wörter entfernen und die Darstellung der Zerlegung in (8) nur auf die Kategorien beziehen, so erhalten wir unsere ersten Grammatik-Regeln:

(10) a. PP → P NP
b. NP → D N

Diese beiden Regeln beschreiben jetzt nicht mehr nur ein ganz bestimmtes Syntagma, sondern eine große Menge äquivalent aufgebauter Syntagmen:

(11) [[unter]$_{P}$ [[einem]$_{D}$ [Sofa]$_{N}$]$_{NP}$]$_{PP}$
[[wegen]$_{P}$ [[zweier]$_{D}$ [Überfälle]$_{N}$]$_{NP}$]$_{PP}$
[[bei]$_{P}$ [[allen]$_{D}$ [Göttern]$_{N}$]$_{NP}$]$_{PP}$

Dependenzielle Analyse

Wir werden uns gleich ansehen, wie man ganze Grammatiken mit derartigen Regeln entwirft. Zunächst werfen wir aber noch einen Blick auf die dependenzielle Analyse. Dabei haben wir uns ja zu fragen, welches Wort welches andere „steuert". Wir können nun so argumentieren: Der Artikel *dem* wird vom Nomen *Buch* in den Kasus Neutrum hinein-„gezwungen", und das Nomen *Buch* von der Präposition *auf* in den Kasus Dativ. Diesen Zusammenhang könnte man folgendermaßen darstellen:

(12) auf dem Buch

Weil Dependenzrelationen also nicht durch Klammerungen zum Ausdruck gebracht werden können, muss eine solche Darstellung gewählt werden. Eine andere Möglichkeit wäre es, auf die korrekte

Reihenfolge der Wörter zu verzichten und die Dependenzrelationen in dieser Form darzustellen:

(13) auf → Buch → dem

Das ist weniger unvorteilhaft, als es auf den ersten Blick aussieht: Während eine konstituenzielle Struktur immer eine ganz bestimmte Anordnung der Wörter beschreibt, kann eine dependenzielle Struktur gleichzeitig für mehrere Varianten der Wortstellung gelten. In der deutschen Sprache gibt es dafür auf Satzebene viele Möglichkeiten, aber selbst in der Präpositionalphrase ist dieses in manchen Fällen möglich:

Wortstellung

(14) a. wegen zweier Überfälle
b. zweier Überfälle wegen

Dependenziell können wir diese beiden Syntagmen folgendermaßen analysieren:

(15) wegen → Überfälle → zweier

Dabei verzichtet man einfach darauf, die dargestellten Abhängigkeiten mit der Anordnung der Wörter in Verbindung zu bringen. Die konstituenzielle Analyse sieht hingegen so aus:

(16) a. [[wegen] [[zweier] [Überfälle]]]
b. [[[zweier] [Überfälle]] [wegen]]

Der grammatische Zusammenhang, der zwischen beiden Varianten in (14) offensichtlich besteht, geht dabei verloren – es werden zwei Strukturen gebildet, die zunächst einmal keine Ähnlichkeit miteinander haben.

Vergleich

Welcher Weg ist nun besser, welcher schlechter? Darauf lässt sich keine eindeutige Antwort geben. Der konstituenzielle Ansatz ist besser für Sprachen geeignet, die eine tendenziell eher feststehende Wortstellung besitzen, etwa das Englische, während der dependenzielle Ansatz sich eher für Sprachen mit freierer Wortstellung wie das Russische oder das Deutsche eignet. Es ist kein Zufall, dass die englische Sprache eher mit konstituenziellen Grammatiken beschrieben wird, das Deutsche eher mit dependenziellen Grammatiken. Allerdings lassen sich beide Ansätze auch miteinander verbinden: In einer Konstituentenstruktur kann man zusätzlich deutlich machen, von welchem Wort die anderen Wörter abhängig sind. Dieses Wort nennt man den „Kopf" einer Phrase. In der Nominalphrase ist es das Nomen, in der Präpositionalphrase die Präposition, und genau deshalb heißen diese beiden Phrasentypen auch so. Aus den dependenziellen Bezügen zwischen Wörtern lassen sich andersherum auch Konstituenten ableiten, indem man ein Wort mitsamt all denjenigen Wörtern, die direkt oder mittelbar von diesem abhängig sind, zu einer Phrase zusammenfasst. Für *dem* → *Buch* ergibt sich somit die Nominalphrase *dem Buch*, für *auf* → *Buch* → *dem* eine Präpositionalphrase. „Ideal" wäre deshalb eine Darstellung, die beide Ansätze miteinander vereint, vielleicht so:

Kombination der Ansätze

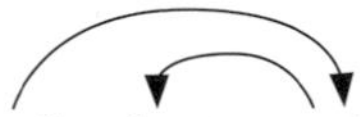

(17) [[auf]$_P$ [[dem]$_D$ [Buch]$_N$]$_{NP}$]$_{PP}$

Die Computerlinguistik wurde in ihren ersten Jahren sehr stark durch die englische Sprache geprägt, und aus diesem Grunde sind die meisten computerlinguistischen Methoden und Verfahren zunächst für konstituenzielle Grammatiken entwickelt worden. Im Folgenden werden wir uns deshalb diesen Grammatik-Typ zur Grundlage nehmen, ohne dass dabei vergessen werden soll, dass vieles im Deutschen besser dependenziell beschrieben werden kann.

3.2 CL-3: Satz-Erzeugung mit einer Konstituenten-Grammatik

Sehen wir uns jetzt einige Regeln an, die zusammen eine ganz einfache *Grammatik* für deutsche Sätze bilden:

Grammatik I:

1.	S	→	NP	VP	
2.	NP	→	D	N	
3.	NP	→	D	A	N
4.	NP	→	EN		
5.	VP	→	V	NP	
6.	VP	→	V	PP	
7.	VP	→	V	NP	PP
8.	PP	→	P	NP	

S steht für *Satz*, NP für *Nominalphrase*, VP für *Verbalphrase*, EN für *Eigenname* und PP für *Präpositionalphrase.* Die anderen Symbole entsprechen den Wortarten-Kategorien.

Wenn wir diese Grammatik anwenden wollen, brauchen wir aber noch Wörter, die wir für die Wortarten-Kategorien einsetzen können. Diese Informationen werden uns durch das *Lexikon* gegeben:

Lexikon I:

D	→	{*der, das, dem, den*}
N	→	{*Buch, Tisch*}
A	→	{*große, grüne, großen, grünen*}
EN	→	{*Hans*}
V	→	{*legt, liegt, sieht*}

Mit Grammatik und Lexikon lassen sich, neben vielen anderen, die folgenden Sätze analysieren:

(18) a. Das Buch liegt auf dem Tisch.
b. Das große Buch liegt auf dem grünen Tisch.
c. Hans sieht das Buch.

d. Hans sieht den grünen Tisch.
e. Hans legt das Buch auf den Tisch

Das Ergebnis der Analyse müsste beispielsweise für (18a) eine konstituenzielle Analyse sein, die so aussieht:

(19) $[[[\text{das}]_D\ [\text{Buch}]_N]_{NP}\ [[\text{liegt}]_V\ [[\text{auf}]_P\ [[\text{dem}]_D\ [\text{Tisch}]_N]_{NP}]_{PP}]_{VP}]_S$

Satzgenerierung

Wie gehen wir nun vor bei einer solchen Analyse? Der einfachste Weg ist es, den Satz nicht zu zerlegen, sondern zu versuchen, ihn mittels der Regeln zu konstruieren. Wenn uns das allein unter Verwendung der in der Grammatik vorgegebenen Regeln und der Lexikoneinträge gelingt, dann wissen wir auch, welche Regeln für welche Teile des Satzes angewandt worden sind. Hier ist die Generierung, die Erzeugung von (18a):

(20) S

NP VP	mit Regel 1
D N VP	mit Regel 2
das N VP	mit Lexikoneintrag für D
das Buch VP	mit Lexikoneintrag für N
das Buch V PP	mit Regel 6
das Buch liegt PP	mit Lexikoneintrag für V
das Buch liegt P NP	mit Regeln 8
das Buch liegt auf NP	mit Lexikoneintrag für P
das Buch liegt auf D N	mit Regel 2
das Buch liegt auf dem N	mit Lexikoneintrag für D
das Buch liegt auf dem Tisch	mit Lexikoneintrag für N

Das Verfahren ist ziemlich einfach: In jeder Zeile wird ein Symbol ausgewählt; erscheint dieses Symbol auf der linken Seite einer Grammatikregel, wird es durch die Symbole auf der rechten Seite der Regel ersetzt. Handelt es sich um das Symbol einer Wortarten-Kategorie, wird aus der entsprechenden lexikalischen Regel eines der Wörter ausgewählt, die auf der rechten Seite innerhalb der geschweiften Klammern erscheinen. Die Generierung ist beendet, wenn in einer Zeile nur noch Wörter stehen und keine Symbole mehr übrig sind. Bei der Auswahl des nächsten Schritts wird hier jeweils das am weitesten links stehende Symbol ausgewählt. In allgemeiner Form kann diese Ersetzung so beschrieben werden:

Definition: *Regelanwendung*

I. Wenn gilt $X \rightarrow Y_1 \ldots Y_n$, dann ersetze X durch $Y_1 \ldots Y_n$
II. Wenn gilt $X \rightarrow \{w_1,\ldots,w_n\}$, dann ersetze X durch w_i, wobei gilt: $1 \leq i \leq n$

Die Regeln sind hier in einer verallgemeinerten Form angegeben. Auf der linken Seite erscheint immer genau ein Symbol, das hier durch die Variable X wiedergegeben wird. Auf der rechten Regelseite können allerdings ein oder mehr Symbole erscheinen, dargestellt durch die Variablen Y_1 bis Y_n, wobei n = 1 ist, wenn rechts nur ein Symbol erscheint (wie z.B. in der Regel 4). Steht X für eine Wortarten-Kategorie, dann ist aus der Wort-Menge W_1 bis W_n auf der rechten Seite der lexikalischen Regel eines auszuwählen; welches es ist, wird dabei nicht gesagt, allerdings muss es zwischen dem ersten und n-ten Wort liegen (oder eines dieser beiden selbst sein).

Strukturerzeugung

Das Ergebnis der Ableitung in (20) umfasst allerdings noch nicht die konstituenzielle Klammerung, um die es uns ja eigentlich geht. Um diese zu ermitteln, sollten wir nicht lediglich die linke Seite einer Grammatikregel durch die rechte Seite ersetzen, sondern dabei zugleich eine Klammerung vornehmen und diese mit dem Symbol auf der linken Regelseite indizieren:

(21) Ersetze S durch NP VP
→ ersetze S durch $[\text{NP VP}]_S$

Damit speichern wir bei einem Konstruktionsschritt, welche Regeln dafür verwendet worden ist. Auch mit einem lexikalischen Konstruktionsschritt lässt sich das machen:

(22) Ersetze V durch ein Wort aus {*liegt, sieht*}
→ ersetze V entweder durch $[\text{liegt}]_V$ oder durch $[\text{sieht}]_V$

Folgen wir diesem Prinzip nun bei jedem einzelnen Konstruktionsschritt, so ergibt sich die folgende Ableitung:

(23) S
$[\text{NP VP}]_S$
$[[\text{D N}]_{NP}\ \text{VP}]_S$
$[[[\text{das}]_D\ \text{N}]_{NP}\ \text{VP}]_S$
$[[[\text{das}]_D\ [\text{Buch}]_N]_{NP}\ \text{VP}]_S$
$[[[\text{das}]_D\ [\text{Buch}]_N]_{NP}\ [\text{V PP}]_{VP}]_S$
$[[[\text{das}]_D\ [\text{Buch}]_N]_{NP}\ [[\text{liegt}]_V\ \text{PP}]_{VP}]_S$
$[[[\text{das}]_D\ [\text{Buch}]_N]_{NP}\ [[\text{liegt}]_V\ [\text{P NP}]_{PP}]_{VP}]_S$
$[[[\text{das}]_D\ [\text{Buch}]_N]_{NP}\ [[\text{liegt}]_V\ [[\text{auf}]_P\ \text{NP}]_{PP}]_{VP}]_S$
$[[[\text{das}]_D\ [\text{Buch}]_N]_{NP}\ [[\text{liegt}]_V\ [[\text{auf}]_P\ [\text{D N}]_{NP}]_{PP}]_{VP}]_S$
$[[[\text{das}]_D\ [\text{Buch}]_N]_{NP}\ [[\text{liegt}]_V\ [[\text{auf}]_P\ [[\text{dem}]_D\ \text{N}]_{NP}]_{PP}]_{VP}]_S$
$[[[\text{das}]_D\ [\text{Buch}]_N]_{NP}\ [[\text{liegt}]_V\ [[\text{auf}]_P\ [[\text{dem}]_D\ [\text{Tisch}]_N]_{NP}]_{PP}]_{VP}]_S$

Damit ist gezeigt, da sich der Satz *Das Buch liegt auf dem Tisch* aus der Grammatik I und dem Lexikon I ableiten lässt. Zugleich haben wir die konstituenzielle Struktur gebildet, die dieser Satz aufweist. Die Regelanwendung vermerken wir uns jetzt noch in der revidierten Form:

Definition: *Regelanwendung (revidiert)*

I. Wenn gilt X → $Y_1 \ldots Y_n$, dann ersetze X durch $[Y_1 \ldots Y_n]_X$
II. Wenn gilt X → $\{w_1, \ldots, w_n\}$, dann ersetze X durch $[w_i]_X$, wobei gilt: $1 \leq i \leq n$

Die Darstellung einer konstituenziellen Struktur als geklammerte Liste wie in der letzten Zeile in (23) ist sehr unübersichtlich, man kann kaum erkennen, was eigentlich zusammengehört. Deshalb gibt es zwei übersichtlichere Darstellungsweisen. Der einfachste Weg ist es, jede Klammer in einer neuen Zeile beginnen zu lassen und um einen Tabulator nach rechts (öffnende Klammer) bzw. nach links (schließende Klammer) einzurücken. Nur wenn es sich um eine Klammer direkt nach einem Wort handelt, wird diese nicht in eine neue Zeile gestellt. Es ergibt sich eine sogenannte „eingerückte Klammerung“:

eingerückte Klammerung

(24) [
    [
        [das]$_{D}$
        [Buch]$_{N}$
    ]$_{NP}$
    [
        [liegt]$_{V}$
        [
            [auf]$_{P}$
            [
                [dem]$_{D}$
                [Tisch]$_{N}$
            ]$_{NP}$
        ]$_{PP}$
    ]$_{VP}$
]$_{S}$

Strukturbaum

Noch übersichtlicher wird es, wenn wir eine ganz andere Art der Darstellung wählen, nämlich die als Baum:

Konstituenzielle Struktur als Baum

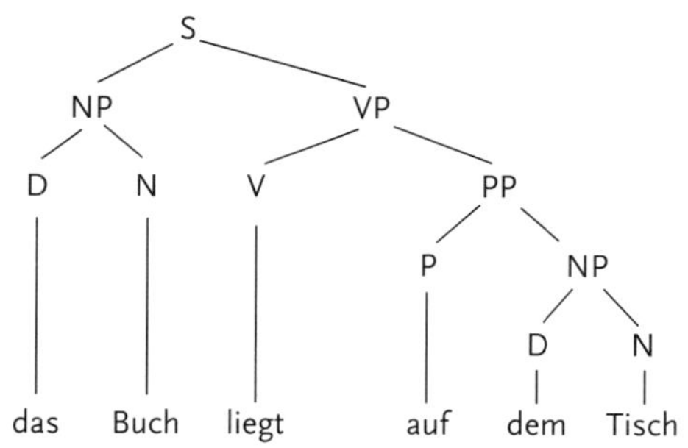

Auch diese Umwandlung kann durch eine allgemeine Regel beschrieben werden:

Definition: *Eine Klammerstruktur in einen Baum umwandeln*

Für eine Klammerstruktur der Gestalt $[Y_1...Y_n]_X$ nimm die folgende Ersetzung vor:

Enthält Y_i ($1 \leq i \leq n$) eine Klammerstruktur, so wandele sie nach dieser Regel in einen Baum um. Die Umwandlung ist vollständig, wenn der Baum keine Klammern mehr enthält.

3.3 TT-2: Dokumentgrammatiken – Regeln, die Texte beschreiben

Wir wissen nun, wie Sätze durch Grammatikregeln beschrieben werden können, indem sie in Konstituenten zerlegt und diese Konstituenten durch Kategorien beschrieben werden. Wie lässt sich dieser Grundgedanke nun auf Texte übertragen? Sehen wir uns dazu zunächst einen kleinen Beispieltext an, eine Meldung von der ersten Seite der „Süddeutschen Zeitung“:

Merkels Reise verärgert Steinmeier

Kundus – Außenminister Frank-Walter Steinmeier (SPD) ist irritiert über die Umstände der überraschenden Afghanistan-Reise von Kanzlerin Angela Merkel (CDU). Steinmeier habe „mehr oder weniger durch Zufall“ von der Reise erfahren, sagte sein Sprecher. Nach SZ-Informationen erfuhr Steinmeier erst auf Nachfrage am Sonntag am Rande des EU-USA-Gipfels in Prag von der Reise. Im Auswärtigen Amt herrscht auch Verwunderung darüber, dass keine politischen Gespräche in Kabul geplant waren. Unmittelbar nach der Visite in Kundus wurde das Feldlager mit zwei Raketen beschossen. Der Norden des Landes werde auch in den nächsten Jahren die Präsenz der Bundeswehr brauchen, sagte Merkel.
(Seiten 4 und 5) dpa
Quelle: *Süddeutsche Zeitung*, Dienstag, den 07. April 2009 , Seite 1

Regeln für die Textstruktur

Eine solche Meldung bildet offensichtlich auch ein Ganzes, das wir in Teile zerlegen können. Der Text enthält eine Überschrift und einen Haupttext, dem eine Ortsangabe („Kundus“) vorangestellt ist. Danach folgt ein Verweis auf ausführlichere Artikel zu dem Thema der Meldung und das Kürzel der Agentur, von der die Meldung stammt („dpa“). Wenn wir eine solche Meldung in dieser Form zitieren, ist weiterhin eine Quellenangabe notwendig, die hier in der letzten Zeile erscheint. Genauso, wie wir eine Nominalphrase in eine Abfolge aus Determinativ, Adjektiv und Nomen zerlegen können, können wir offensichtlich eine Meldung als Abfolge verschiedener Teile beschreiben. Das lässt sich auch in Form einer Grammatikregel darstellen:

(25) a. Meldung → Titel Ort Text Verweis Agentur Quelle
b. Quelle → Name Seite

Damit beschreiben wir die konstituenzielle Struktur dieses Textes. Weil eine Regel ja nicht nur einen ganz bestimmten Fall darstellen soll, sondern eine Vielzahl von Fällen, kann man diese Meldung mit anderen Meldungen vergleichen und versuchen, die Regeln allgemeiner zu fassen. Verweise und Agentur-Kürzel erscheinen beispielsweise nicht in jeder Meldung und können auch ausgelassen werden. Die Regel wäre dafür in dieser Weise zu modifizieren:

(26) Meldung → Titel Ort Text Quelle

Damit beide Varianten gleichzeitig gelten können, gibt es die Möglichkeit, Konstituenten als optional, „auslassbar", zu kennzeichnen, und zwar durch ein Fragezeichen:

(27) Meldung → Titel Ort Text Verweis? Agentur? Quelle

Diese Notationsvereinbarung ist auch für die Beschreibung von Satzstrukturen sinnvoll, z.B. in der Nominalphrase: NP → D A? N. Die Aneinanderreihung der Konstituenten steht für die Abfolge, in der sie im Satz oder im Text erscheinen.

XML-Notation von Regeln

Nun ist es so, dass im Bereich der Texttechnologie für die Spezifikation von Konstituenz-Regeln ein Standard vorliegt, die *Extensible Markup Language* (XML). XML zufolge wird die Struktur von „Meldung" und „Quelle" folgendermaßen als Regel definiert:

```
<!ELEMENT  Meldung (Titel, Ort, Text, Verweis?, Agentur?, Quelle)>
<!ELEMENT  Quelle  (Name, Datum, Seite)>
```

Im Jargon von XML werden die Kategorien „Meldung" und „Quelle", die hier definiert werden, „Elemente" genannt, und die Regeln „Element-Deklarationen". Der rechte Regelteil, der Teil also, der hier in runden Klammern steht, ist das „Inhaltsmodell". Die Kommas im Inhaltsmodell grenzen nicht nur die darin enthaltenen Elemente voneinander ab, sondern drücken auch die Reihung der Elemente explizit aus: „A, B" bedeutet also: „zuerst A, dann B".

Textueller Inhalt

Auch „lexikalische" Regeln können in XML definiert werden. Wir können dabei allerdings nicht eine Menge von Wörtern festlegen, weil ja beliebige Textstücke als Inhalt der entsprechenden Elemente erscheinen können sollen. Stattdessen wird genau dieser Umstand in der Regel gekennzeichnet:

```
<!ELEMENT    Titel      (#PCDATA)>
<!ELEMENT    Ort        (#PCDATA)>
<!ELEMENT    Text       (#PCDATA)>
<!ELEMENT    Verweis    (#PCDATA)>
<!ELEMENT    Agentur    (#PCDATA)>
<!ELEMENT    Name       (#PCDATA)>
<!ELEMENT    Datum      (#PCDATA)>
<!ELEMENT    Seite      (#PCDATA)>
```

„PCDATA" bedeutet hier also, dass ein beliebiges Stück Text als Inhalt dieses Elements erscheinen kann. Alle diese Regeln zusammen werden im XML-Jargon nicht als Grammatik, sondern als „Dokumenttyp-Definition", kurz DTD, bezeichnet. Mit den Festlegungen in dieser DTD können wir den Beispieltext nun ebenfalls als einen Baum darstellen:

Textstruktur als Baum

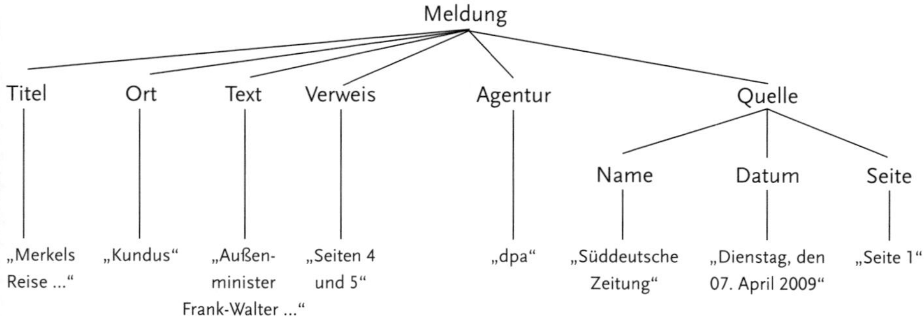

Sehen wir uns jetzt eine weitere Zeitungsmeldung an:

„Schools Prom Concert" am Freitag in der Stadthalle

Wetzlar (pm). *Klangvoll wird es werden, abwechslungsreich und schlicht beeindruckend: das erste Wetzlar „Schools Prom Concert" nach dem Vorbild der britischen „School Proms" am Freitag, 24. April, um 19.30 Uhr in die Stadthalle.*

Rund 400 Schüler aus der Wetzlarer Goetheschule, der Freiherr-vom-Stein-Schule, der Carl-Kellner-Schule Braunfels, der Wetzlarer Musikschule und des Sixth Form College aus der Wetzlarer Partnerstadt Colchester werden ihre musikalischen Talente hören lassen. Die Chöre, Instrumentalgruppen und Bands werden sich zunächst vorstellen und anschließend unter der Leitung von Nigel Hildreth ein gemeinsames Konzert geben.

Veranstalter sind die Wetzlarer Musikschule und »Round Table 86«. Der Eintritt ist frei.

Quelle: *Giessener Allgemeine*, 22.4.2009, S. 4

Im Gegensatz zu der ersten besitzt diese Meldung vor dem eigentlichen Text noch einen sogenannten Anreißer, der die Meldung einleitet. Am Ende wird keine Agentur genannt, sondern nach der Ortsangabe das Kürzel des Autors („pm"). Der Text weist außerdem eine Unterteilung in Absätze auf.

Verallgemeinerung von Regeln

Wie gehen wir mit dieser Variation zwischen den beiden Beispielmeldungen um? Einen Anreißer können wir grundsätzlich als optionales Element in die DTD einfügen. Für die Darstellung der Alternative der Angabe einer Agentur oder einem Autor gibt uns XML die sogenannten „Oder-Gruppe" an die Hand. Dazu werden die zwei Varianten mit einer Klammer zusammengefasst und durch einen senkrechten Strich voneinander getrennt – der Text muss der einen oder der anderen Variante folgen:

Oder-Gruppe

```
<!ELEMENT   Meldung  (Titel, Ort,
                      ((Anreisser?, Text, Verweis?, Agentur)|
                       (Autor, Anreisser?, Text, Verweis?)),
                       Quelle)>
```

Der einfachste Fall einer solchen Oder-Gruppe besteht darin, dass es zwei Elemente im Inhaltsmodell einer Element-Deklaration zur Auswahl angeboten werden, also allgemein so: „(A | B)". Hier steht jedoch nicht nur ein einzelnes Element zur Auswahl, sondern zwei komplette Abfolgen von Elementen, also ((A, B, C) | (D, E, F)). In diesem Fall muss eine zusätzliche Klammerung vorgenommen werden. Mit dieser Deklaration wird gewährleistet, dass das „Agentur"-Element entweder erst nach dem Verweis-Element erscheint, oder stattdessen ein „Autor"-Element noch vor dem Anreißer. Beide Elemente „Agentur" und „Autor" erscheinen aber niemals gleichzeitig in einem Text.

Aber warum muss es so kompliziert sein? Warum trägt man die Element-Alternative nicht einfach nur an einer Stelle ein, z.B. vor dem „Quelle"-Element:

```
<!ELEMENT   Meldung  (Titel, Ort, Anreisser?, Text, Verweis?,
                       (Agentur | Autor), Quelle)>
```

Das geht natürlich auch. Die umfassendere Frage, die sich damit verbindet, ist die, warum man überhaupt ein Dokument in dieser Form zerlegt. Der Grund besteht darin, dass die verschiedenen logischen Informationseinheiten identifiziert und im Dokument markiert werden können (s. Abschnitt TT-3). Es geht also darum, die Grundstruktur des Textes durch eine DTD zu repräsentieren, aber nicht jeden kleinsten Unterschied in seinem Aussehen. Aus dieser Perspektive ist es gleichgültig, ob die Angabe des Autors in einer Meldung am Anfang oder am Ende erfolgt – wichtig ist, dass sie überhaupt erscheint und dabei eindeutig durch ein Element gekennzeichnet wird. Wenn wir uns die Meldung aus der Süddeutschen Zeitung (SZ) und der Gießener Allgemeinen (GA) genauer ansehen, können wir noch andere Unterschiede erkennen. Nach der Ortsangabe erscheint in der SZ ein Strich, in der GA hingegen ein Punkt. In der Quellen-Angabe unterscheiden sich die verwendeten Datumformate voneinander, bei der Angabe der Seite ist das Wort „Seite" einmal ausgeschrieben, das andere Mal abgekürzt. All dieses (und viele weitere Unterschiede im konkreten Aussehen, z.B. Schriftgröße, Fonts usw.) sind Varianten im Aussehen dieser Meldung, die die logische Struktur nicht betreffen und deshalb für den Entwurf einer DTD unerheblich sind. Wir werden im folgenden Texttechnologie-Abschnitt (TT-3) sehen, wie sich dieses auf den Text auswirkt und wie die unterschiedlichen Darstellungsvarianten aus der XML-Kodierung abgeleitet werden können.

Mehrere Unterelemente

Die beiden Meldungen unterscheiden sich auch in dem zentralen Textteil. Die GA-Meldung ist in mehrere Absätze aufgeteilt, die SZ-Meldung umfasst nur einen Absatz. Um eine einheitliche Regel dafür zu finden, können wir festlegen, dass das Text-Element nicht direkt ein reales Textstück enthält, sondern es aus einem oder mehreren Absätzen aufgebaut ist. Eine modifizierte Element-Deklaration sieht demnach so aus:

```
<!ELEMENT     Text    (Absatz+)>
```

Das Plus-Zeichen hinter dem „Absatz"-Element bedeutet, dass dieses ein- oder mehrfach erscheinen darf. Ein „Text"-Element besteht also minimal aus einem „Absatz"-Element, es können jedoch auch zwei oder mehr sein.

Innerhalb des Textes erscheinen zuweilen einzelne Abschnitte, die durch Anführungsstriche hervorgehoben sind. In der SZ-Meldung handelt es sich um Zitate, in der GA-Meldung ist es nicht ganz klar, warum sie diese Anführungsstriche aufweist, weshalb es hier wohl einfach um die Hervorhebungsfunktion als solches geht. Zitate und Hervorhebungen können beliebig oft an beliebiger Stelle innerhalb eines Textes im „Absatz"-Element auftauchen, weshalb wir keine bestimmte Reihenfolge oder Häufigkeit festlegen können. Die folgende Element-Deklaration drückt diesen Zusammenhang als sogenannten *Mixed Content* aus:

```
<!ELEMENT   Absatz   (#PCDATA | Zitat | Hervorhebung )*>
```

Mixed Content

Eine solche Element-Deklaration wird als *Mixed Content*-Deklaration bezeichnet, weil sie einerseits konkrete Textteile enthält („PCDATA"), innerhalb dessen aber weitere Element in beliebiger Zahl und Abfolge („Zitat" und „Hervorhebung"). Formal ist dieses hier durch eine Oder-Gruppe realisiert, hinter der noch ein Sternchen erscheint. Der Stern steht wie auch das Plus-Zeichen für ein mehrfaches Auftreten, allerdings kann beim Stern im minimalen Fall auch gar nichts erscheinen. Diese Deklaration des „Absatz"-Elements bedeutet also, dass es sich um eine beliebig lange Aneinanderreihung dieser Oder-Gruppe handelt, und aus der Oder-Gruppe ist dabei jeweils eine Variante zu wählen. Im Endergebnis kann man damit jede beliebige Kette von PCDATA-, „Zitat"- und „Hervorhebung"-Informationseinheiten beschreiben.

Insgesamt haben wir bislang fünf verschiedene Arten von Element-Auszeichnungen in Inhaltsmodellen kennengelernt. Derartige Auszeichnungen werden als Konnektoren bezeichnet, und zwar als einstellige, wenn sie sich nur auf ein Element beziehen, und als zwei- oder mehrstellige sonst. Hinzu kommt ein sechster Fall, nämlich der, dass ein Element ohne Konnektor erscheint:

Definition: *Konnektoren in Inhaltsmodellen von Element-Deklarationen*

Einstellige Konnektoren:
A → A muss genau einmal auftreten (obligatorisch).
A? → A kann einmal auftreten, kann aber auch ausgelassen werden (optional).
A+ → A muss mindestens einmal, kann aber beliebig oft auftreten.
A* → A kann einmal oder beliebig oft auftreten, kann aber auch ausgelassen werden.

Zweistellige Konnektoren:
A, B → B folgt auf A allgemein: $A_1, \ldots, A_n$
A | B → entweder A oder B allgemein: $A_1 \mid \ldots \mid A_n$

Konnektoren können verschachtelt werden. Dabei müssen runde Klammern verwendet werden, um zusammengehörige Teile zusammenzufassen.

Wenn wir die gleiche Deklaration auch für das Element „Anreisser" vorsehen, ergibt sich nunmehr die folgende DTD (die Element-Deklarationen sind jetzt in der Reihenfolge ihrer Nutzung angeordnet):

Dokumenttyp-Definition I:

```
<!ELEMENT  Meldung        (Titel, Ort, Anreisser?, Text, Verweis?,
                           (Agentur | Autor), Quelle)>
<!ELEMENT  Titel          (#PCDATA)>
<!ELEMENT  Ort            (#PCDATA)>
<!ELEMENT  Anreisser      (#PCDATA | Zitat | Hervorhebung )*>
<!ELEMENT  Zitat          (#PCDATA)>
<!ELEMENT  Hervorhebung   (#PCDATA)>
<!ELEMENT  Text           (Absatz+)>
<!ELEMENT  Absatz         (#PCDATA | Zitat | Hervorhebung )*>
<!ELEMENT  Verweis        (#PCDATA)>
<!ELEMENT  Agentur        (#PCDATA)>
<!ELEMENT  Autor          (#PCDATA)>
<!ELEMENT  Quelle         (Name, Datum, Seite)>
<!ELEMENT  Name           (#PCDATA)>
<!ELEMENT  Datum          (#PCDATA)>
<!ELEMENT  Seite          (#PCDATA)>
```

3.4 Fazit, Aufgaben, Vertiefung

Fazit

Die Wörter in Sätzen gehen syntagmatische und paradigmatische Beziehungen ein. Um Satzstrukturen zu beschreiben, ist es notwendig, die Wörter in Klassen einzuordnen, damit man allgemeingültige

Aussagen machen kann. Bei der Analyse eines Syntagmas können zwei Prinzipien angewendet werden, das der Konstituenz und das der Dependenz: Die konstituenzielle Analyse basiert auf dem Prinzip des Zerteilens eines Syntagmas in kleinere Einheiten, die dependenzielle Analyse auf dem des Verbindens von kleineren Einheiten zu größeren Einheiten. Beide Prinzipien lassen sich miteinander kombinieren. Die konstituenzielle Zerlegung von Sätzen lässt sich leicht durch Regeln beschreiben, mit denen man auch die Erzeugung neuer Sätze vornehmen kann. Dabei kann man durch den geschickten Einsatz von Klammern die Baumstruktur deutlich machen, die immer durch eine konstituenziellen Analyse entsteht.

Auch Texte können konstituenziell analysiert werden. Daraus lassen sich Dokumentgrammatiken für bestimmte Textsorten ableiten. Die Regeln in Dokumentgrammatiken gleichen formal denen für die Satzanalyse, allerdings werden Dokumentgrammatiken üblicherweise vermittels des Standards XML definiert. XML legt die Formulierung von Dokumenttyp-Definitionen (DTDs) fest.

CL-Aufgaben

1. Bestimmen Sie im Beispieltext „Merkels Reise verärgert Steinmeier" aus Abschnitt TT-2 für alle darin vorkommenden Wörter deren Wortart. Bei welchen Wörtern gibt es Probleme mit der Klassifikation?
2. Bestimmen Sie für diesen Beispieltext sämtliche Nominal- und Präpositionalphrasen und kennzeichnen Sie diese durch indizierte Klammerung. Bedenken Sie, dass Phrasen beider Typen auch ineinander verschachtelt vorkommen können. Kennzeichnen Sie derartige Verschachtelungen durch geeignete verschachtelte Klammerungen.
3. Erweitern Sie Grammatik I und Lexikon I in der Weise, dass auch die folgenden Sätze erfasst werden:
   a. Hans gibt Peter das Buch.
   b. Das Buch ist grün.
   c. Hans sieht das Buch auf dem Tisch.

   Zeichnen Sie für diese Sätze die konstituenziellen Strukturbäume.
4. Zeigen Sie für einen dieser Sätze, wie dessen Struktur (indizierte verschachtelte Klammerung) schrittweise durch Regelanwendungen wie in (23) aufgebaut wird.

TT-Aufgaben

5. Im Abschnitt TT-2 wurde eine Dokumentgrammatik (DTD) für die Textsorte „Zeitungsnachricht" entwickelt. Überlegen Sie sich nun, wie eine solche Dokumentgrammatik für die Teiltextsorte „Wörterbuch-Eintrag für Nomina" aussehen müsste. Hier sind einige Beispiel-Einträge:

Ar|ka|di|en griechische Landschaft
Erb|se *w. 11*
Erb|sen|bein *s. 1* ein Handwurzelknochen
Kauf *m. 2*; etwas in K. nehmen: sich mit etwas abfinden; das In-Kauf-Nehmen
Re|fek|to|ri|um [lat.] *s. Gen.* –s *Mz.* –ri|en Speisesaal im Kloster
Tor|ten|he|ber *m. 5*

Die Abkürzung „w." steht dabei für „weiblich" (Femininum), „s." für „sächlich" (Neutrum) und „m." für männlich (Maskulinum). Die Zahlen dahinter geben den jeweiligen Deklinationstyp an. Weitere Abkürzungen: „Gen." für „Genitiv", „Mz." für „Mehrzahl" (Plural) und „lat." für „lateinisch". Das fettgedruckte Wort wird als „Lemma" bezeichnet; der Unterstrich gibt die Hauptbetonung an, die senkrechten Striche die Silbengrenzen – auch diese Kennzeichnungen sollen in der Dokumentgrammatik ausgedrückt werden. Überlegen Sie sich außerdem, an welchen Stellen sinnvoll Verallgemeinerungen vorgenommen werden können, durch die auch noch weitere Wörter erfasst werden können.

Überprüfen Sie die formale Korrektheit Ihrer DTD mit Hilfe des DTD-Checkers unter http://www.validome.org/grammar/. Aktivieren Sie dafür den Button „DTD". Falls Fehler angezeigt werden, versuchen Sie den Fehler zu lokalisieren und zu beheben. Verändern Sie die DTD so lange, bis sie völlig fehlerfrei ist.

Vertiefung

Eine detaillierte Darstellung der Wortarten im Deutschen findet sich bei Zifonun *et al.* (1997, 21-67) und bei Heringer (2009, 63-69). Die Unterschiede zwischen einer konstituenziellen und einer dependenziellen Analyse werden in Uzonyi (2003) und Flohr/Lobin (2002) dargestellt. Kontextfreie Grammatiken werden im mathematischen Sinne in Klabunde (2004) dargestellt, die formalen Grundlagen der Computerlinguistik insgesamt in Klabunde (1998). Der dependenzielle Ansatz, auch in Hinsicht auf dessen computerlinguistische Nutzung, kann mit den Beiträgen in Agel *et al.* (2003) vertieft werden, insbesondere Hellwig (2003) und Schubert (2003).

Lobin (2000, 9-18) stellt die Grundstrukturen von XML dar und zeigt den Zusammenhang mit Baumstrukturen. Die formalen Eigenschaften von XML-Regeln werden in Lobin (2004) näher erläutert. Durchaus sinnvoll ist es aber auch, sich die originalen Quellen zu XML auf den Seiten des *World Wide Web Consortium* anzusehen (www.w3.org).

4 Parsing und Annotation

4.0 Ziele und WarmUp

Wenn man die Methode beschreiben möchte, wie ein Computerprogramm mittels einer Grammatik Sätze analysieren kann, dann muss dieses so detailliert geschehen, dass kein einziger Schritt der menschlichen Intuition überlassen bleibt. Ein besonderes Problem bilden dabei alternative Regeln: Anders als der Mensch kann ein Computerprogramm nicht wissen oder ahnen, welche Regel die richtige ist. Deshalb ist beim Parsing der Umgang mit Mehrdeutigkeiten und die Verwaltung alternativer Lösungsmöglichkeiten ein zentrales Problem.

Dokumentgrammatiken werden hingegen gewöhnlich nicht dafür genutzt, Text automatisch zu analysieren. Stattdessen definieren sie eine hierarchisch verschachtelte Struktur, die in Texten als Annotation eingetragen wird. Die korrekte Verwendung der dafür verwendeten Tags kann mit Hilfe der Dokumentgrammatik überprüft werden.

Ziele

In diesem Kapitel werden wir

- ein elementares Parsing-Verfahren kennen lernen,
- dieses um Rücksprungmöglichkeiten im Falle von Fehlentscheidungen erweitern,
- zeigen, wie eine konstituenzielle Klammerstruktur gleichsam als „Abfallprodukt" des Parsing-Prozesses aufgebaut werden kann,
- ein Parsing-Verfahren betrachten, dass auf der Speicherung von Zwischenergebnissen beruht,
- die Annotationsregeln für XML-Dokumente kennen lernen,
- den Sinn der Dokument-Annotation reflektieren.

WarmUp

Der Satz *Der Mann sah den Jungen mit dem Fernrohr* kann zwei verschiedene Bedeutungen haben. Welche sind dieses? Worauf ist dieses zurückzuführen? Wann entscheiden wir Menschen uns für die eine, wann für die andere Bedeutung? Warum gibt es dieses Problem bei dem Satz *Der Mann sah den Tiger mit dem Fernrohr* nicht? Oder vielleicht doch?

4.1 CL-4: Parsing – mit Grammatik rechnen

Wir haben im vorangegangenen CL-Abschnitt gesehen, wie eine konstituenzielle Grammatik verwendet wird, um die Struktur von Sätzen zu beschreiben. Jetzt gehen wir einen Schritt weiter: Die Grammatik soll dafür genutzt werden, einem Satz *in einem automatischen Verfahren* eine solche Struktur zuzuordnen. Dieser Vorgang heißt „Parsing", ein entsprechendes automatisches Verfahren ein

„Parser“. Die Grammatik, die wir dazu nutzen werden, sei hier zunächst noch einmal wiederholt:

Grammatik und Lexikon I:

1.	S	→	NP	VP		9.	D	→ *{der, das, dem, den}*
2.	NP	→	D	N		10.	N	→ *{Buch, Tisch, Mann}*
3.	NP	→	D	A	N	11.	A	→ *{große, grüne, großen, grünen}*
4.	NP	→	EN			12.	EN	→ *{Hans}*
5.	VP	→	V	NP		13.	V	→ *{legt, liegt, sieht}*
6.	VP	→	V	PP				
7.	VP	→	V	NP	PP			
8.	PP	→	P	NP				

Wenn nun einen Satz wie etwa *Der Mann sieht das Buch* geparst werden soll, brauchen wir zunächst eine verlässliche Orientierung auf dieser Wortkette. Dieses geschieht dadurch, dass wir jede Position des Satzes mit einer durchlaufenden Nummer versehen:

(28) $_0$ Der $_1$ Mann $_2$ sieht $_3$ das $_4$ Buch $_5$

Wenn wir den Satz von links nach rechts verarbeiten, befinden wir uns am Anfang des Parsing-Prozesses logischerweise an der Position 0. Bezüglich der aufzubauenden Struktur – Ziel des Parsings muss ja die Ermittlung der konstituenziellen Struktur des Satzes sein –, gibt es zwei Ausgangspunkte: Wir könnten gewissermaßen von der Spitze des Baums ausgehen und mit der Kategorie S, Satz, beginnen, oder wir beginnen links unten im Baum und überprüfen die Kategorie des allerersten Wortes im Satz. Das erste nennen wir ein „Top-down-Verfahren“, das zweite ein „Bottom-up-Verfahren“. Beide Verfahrensweisen haben Vor- und Nachteile, die wir uns später noch genauer ansehen werden. Wir entscheiden uns jetzt für das Top-down-Verfahren. Damit haben wir einen Grundzustand, der durch zwei Informationen geprägt ist: Position 0 im Satz und Kategorie S im Strukturbaum. Diese beiden Informationen fassen wir formal zu einem initialen Parsing-Zustand zusammen: ⟨0, (S)⟩. Die runden Klammern um das S-Symbol tragen dem Umstand Rechnung, dass an dieser Stelle später auch eine Liste von Kategorien erscheinen kann, und diese Liste wird von den Klammern zusammengehalten. Ein allererster Verarbeitungsschritt müsste ja darin bestehen, dass wir, Regel 1 folgend, das S-Symbol durch die Abfolge von NP und VP ersetzen: ⟨0, (NP VP)⟩. Eine solche Regelanwendung führen wir nun so lange durch, bis wir zu einer Wortklassen-Kategorie kommen, die wir endlich mit der Eingabekette abgleichen können. Der nächste Schritt müsste also darin bestehen, eine der NP-Regeln anzuwenden. Mit Regel 2 ergibt sich ⟨0, (D N VP)⟩, indem das Symbol NP durch die Folge von D und N ersetzt wird. Ausgehend von diesem Zustand können wir nun das an der Position 0 im Eingabesatz erscheinende

Top-down- und Bottom-up-Parsing

Wort *der* mit der lexikalischen Regel für die Kategorie D, Regel 9, abgleichen und stellen dabei fest, dass *der* in der Klammer auf der rechten Regelseite zu finden ist, also genau die richtige Wortart aufweist. Als Ergebnis können wir im aktuellen Parsing-Zustand den Positionszähler von 0 auf 1 ersetzen – wir stehen jetzt vor dem zweiten Wort des Eingabesatzes, und streichen in der Kategorienliste das Symbol D, da wir ein Wort dieser Kategorie ja gerade erfolgreich verarbeitet haben. Es ergibt sich also der Zustand ⟨1, (N VP)⟩. Die folgende Tabelle zeigt Schritt für Schritt, wie nach diesem Prinzip der Parsing-Verlauf des Satzes bis zum Schluss verläuft:

Nr.	Aktueller Zustand	Aktion
1.	⟨0, (S)⟩	Anwendung von Regel 1
2.	⟨0, (NP VP)⟩	Anwendung von Regel 2
3.	⟨0, (D N VP)⟩	Abgleich des Wortes *der* mit Regel 9
4.	⟨1, (N VP)⟩	Abgleich des Wortes *Mann* mit Regel 10
5.	⟨2, (VP)⟩	Anwendung von Regel 5
6.	⟨2, (V NP)⟩	Abgleich des Wortes *sieht* mit Regel 13
7.	⟨3, (NP)⟩	Anwendung von Regel 2
8.	⟨3, (D N)⟩	Abgleich des Wortes *das* mit Regel 9
9.	⟨4, (N)⟩	Abgleich des Wortes *Buch* mit Regel 10
10.	⟨5, ( )⟩	Abschlussprüfung
11.	Erfolg	

Die Funktionen der Regelanwendung und des Wortabgleichs können wir in allgemeiner Form beschreiben. Außerdem muss auch die Abschlussprüfung beschrieben werden. Der Parsing-Verlauf ist offensichtlich genau dann erfolgreich, wenn im aktuellen Zustand der Positionszähler auf der letzten Position des Eingabesatzes steht und keine zu analysierende Kategorie mehr übrig ist.

Definition: *Regelanwendung (vorläufig)*

Ist der aktuelle Zustand ⟨i, (X ...)⟩, dann ist dieser in ⟨i, (Y_1 ... Y_n ...)⟩ zu überführen, wenn die Regel X → Y_1 ... Y_n in der Grammatik enthalten ist.

Definition: *Wortabgleich*

Ist der aktuelle Zustand ⟨i, (X ...)⟩, dann ist dieser in ⟨i+1, (...)⟩ zu überführen, wenn die Regel X → {w_1 ... w_m} in der Grammatik enthalten ist und es ein j mit 1 ≤ j ≤ m gibt, so dass „$\ldots_{i}\ w_{j}\ {}_{i+1}\ldots$“ als Teil des Eingabekette fungiert.

Definition: *Abschlussprüfung*

Ist der aktuelle Zustand ⟨i, ( )⟩ und ist i die letzte Position der Eingabekette, dann vermerke im aktuellen Zustand „Erfolg“. Ist i nicht die letzte Position der Eingabekette, gib „Fehler“ aus.

Die Funktion „Wortabgleich“ nimmt Bezug auf die Eingabe, die hier allgemein als eine Kette von Wörtern w beschrieben wird. Der Wortabgleich ist dann erfolgreich, wenn das aktuelle Wort in der Eingabekette in einer der lexikalischen Regeln gefunden wird und dabei zu der Kategorie gehört, die aufgrund des aktuellen Zustands gerade erwartet wird.

Alternative Zustände

Woher weiß der Parser jedoch, welche Regeln die „richtige“ ist für den aktuellen Eingabesatz? Er weiß es nicht und kann es auch nicht wissen. Deshalb muss er auf Nummer sicher gehen und Zustände, die sich mit alternativen Grammatikregeln ergeben, weiterhin im Spiel belassen. Wird beispielsweise im Übergang von Zustand 2 zu Zustand 3 die erste der drei NP-Regeln gewählt (NP → D N), dann müssen auch für die beiden anderen NP-Regel (NP → D A N und NP → EN) entsprechende Zustände gebildet werden, denn es könnte ja sein, dass der Satz nach dem Wort *der*, das zur Kategorie D gehört, mit einem Adjektiv (Kategorie A) weitergeht. Der Parser „weiß“ das zu diesem Zeitpunkt noch nicht. Diese alternativen Zustände werden im Parser als eine Liste verwaltet, auf die bei Bedarf zurückgegriffen werden kann. Diese Liste wird über den ganzen Parsing-Verlauf hinweg verwaltet und ergänzt, wenn es weitere Situationen gibt, in denen der Folgezustand aus mehr als nur einer Regel gefolgert werden muss. Für den oben bereits analysierten Beispielsatz ergibt sich damit das Folgende (neu hinzukommende alternative Zustände sind fett dargestellt):

Nr.	Aktueller Zustand	Alternative Zustände
1.	⟨0, (S)⟩	
2.	⟨0, (NP VP)⟩	
3.	⟨0, (D N VP)⟩	**⟨0, (D A N VP)⟩, ⟨0, (EN VP)⟩**
4.	⟨1, (N VP)⟩	⟨0, (D A N VP)⟩, ⟨0, (EN VP)⟩
5.	⟨2, (VP)⟩	⟨0, (D A N VP)⟩, ⟨0, (EN VP)⟩
6.	⟨2, (V NP)⟩	⟨0, (D A N VP)⟩, ⟨0, (EN VP)⟩, **⟨1, (V PP)⟩, ⟨1, (V NP PP)⟩**
7.	⟨3, (NP)⟩	⟨0, (D A N VP)⟩, ⟨0, (EN VP)⟩, ⟨1, (V PP)⟩, ⟨1, (V NP PP)⟩
8.	⟨3, (D N)⟩	⟨0, (D A N VP)⟩, ⟨0, (EN VP)⟩, ⟨1, (V PP)⟩, ⟨1, (V NP PP)⟩, **⟨3, (D A N)⟩, ⟨3, (EN)⟩**
9.	⟨4, (N)⟩	⟨0, (D A N VP)⟩, ⟨0, (EN VP)⟩, ⟨1, (V PP)⟩, ⟨1, (V NP PP)⟩, ⟨3, (D A N)⟩, ⟨3, (EN)⟩
10.	⟨5, ( )⟩	⟨0, (D A N VP)⟩, ⟨0, (EN VP)⟩, ⟨1, (V PP)⟩, ⟨1, (V NP PP)⟩, ⟨3, (D A N)⟩, ⟨3, (EN)⟩
11.	ERFOLG	

Die allgemeine Definition der Regelanwendung muss demnach revidiert werden, weil sie in der bisherigen Version noch nicht die Bildung von Alternativ-Zuständen berücksichtigt:

> ***Definition:* Regelanwendung (revidiert)**
>
> Ist der aktuelle Zustand ⟨i, (X ...)⟩, dann ist dieser in ⟨i, (Y_1 ... Y_n ...)⟩ zu überführen, wenn die Regel X → Y_1 ... Y_n in der Grammatik enthalten ist. Für alle Regeln X → Z_1 ... Z_m sind Zustände der Form ⟨i, (Z_1 ... Z_m ...)⟩ der Liste der alternativen Zustände anzufügen.

Wann kommt nun die Liste der alternativen Zustände zum Einsatz? Bei dem Beispiel, das wir uns bislang angesehen haben, war dieses ja nicht notwendig, da immer die erste Regelvariante zum Erfolg geführt hat. Deshalb verändern wir den Eingabesatz etwas, indem wir ein Adjektiv einfügen:

(29) $_0$ Der $_1$ alte $_2$ Mann $_3$ sieht $_4$ das $_5$ Buch $_6$

Sehen wir uns jetzt an, was beim Parsing passiert:

Nr.	Aktueller Zustand	Alternative Zustände
1.	⟨0, (S)⟩	
2.	⟨0, (NP VP)⟩	
3.	⟨0, (D N VP)⟩	**⟨0, (D A N VP)⟩, ⟨0, (EN VP)⟩**
4.	⟨1, (N VP)⟩	⟨0, (D A N VP)⟩, ⟨0, (EN VP)⟩
5.	Fehler	⟨0, (D A N VP)⟩ , ⟨0, (EN VP)⟩
6.	**⟨0, (D A N VP)⟩**	⟨0, (EN VP)⟩
7.	⟨1, (A N VP)⟩	⟨0, (EN VP)⟩
...	...	...

Backtracking

Wird der aktuellen Zustand Nr. 4 bearbeitet, so ist der Parser in einem Dilemma: Es kann keine Regel angewendet werden, weil es für das erste Symbol, „N", keine entsprechende Grammatikregel gibt. Auch ein Wortabgleich kann nicht vorgenommen werden, denn an der Position 1 befindet sich mit dem Wort *alte* ein Adjektiv, aber es wird ein Nomen erwartet. Und erst recht ist die Abschlussprüfung nicht erfolgreich, da der Positionszähler weder die letzte Position des Eingabesatzes markiert – die wäre ja 6 – noch eine leere Kategorienliste vorliegt. In dieser Situation bleibt nichts anderes übrig, als einen Fehler, also eine Verarbeitungssackgasse, einzugestehen, was in der nächsten Zeile der Tabelle auch so vermerkt ist, und mit einem der alternativen Zustände weiterzumachen. In Zeile 6 ist mit ⟨0, (D A N VP)⟩ ein Zustand als aktuell aufgeführt, der in Zeile 5 noch als erster in der Liste der alternativen Zustände erscheint. Wir machen also in einer solchen Situation den ersten alternativen Zustand zum neuen aktuellen Zustand und tilgen ihn dabei aus der Liste der alternativen Zustände. Dieser Vorgang wird als „Backtracking" bezeichnet. Nach diesen Festlegungen kann nun das allgemeine Verfahren, der sogenannte Algorithmus, recht knapp in allgemeiner Form beschrieben werden:

Definition: *Top-down-Parsing mit Backtracking*

Beginn:
Wenn S das Startsymbol der Grammatik ist, dann mache ⟨0, (S)⟩ zum aktuellen Zustand. Die Liste der alternativen Zustände ist leer.
Wiederhole:
1. Enthält der aktuelle Zustand den Vermerk „FEHLER", dann mache den ersten Zustand aus der Liste der alternativen Zuständen zum neuen aktuellen Zustand und tilge ihn aus der Liste. Ist die Liste der alternativen Zustände leer, beende den Prozess.
2. Führe auf dem aktuellen Zustand eine Regelanwendung oder einen Wortabgleich durch.
3. Wenn keine Regelanwendung oder kein Wortabgleich möglich ist, führe auf dem aktuellen Zustand einen Abschlusstest durch und beende den Prozess.

Im Zentrum dieses Algorithmus steht eine Schleife („Wiederhole:"), die so lange durchlaufen wird, bis der Abschlusstest erfolgreich ist oder scheitert und keine weiteren Alternativzustände mehr zur Verfügung stehen.

Parsing mit Strukturaufbau

Damit haben wir die Funktionsweise eines Top-down-Parsers vollständig beschrieben. Dieser Parser gibt allerdings nur „Erfolg" oder „Fehler" aus, nicht aber eine linguistische Analyse in Form einer Konstituentenstruktur. Glücklicherweise kann dieses Ziel recht einfach erreicht werden. Anstatt beispielsweise im allerersten Schritt einfach vom Zustand ⟨0, (S)⟩ nach ⟨0, (NP VP)⟩ überzugehen und dabei zu „vergessen", dass die Folge „NP VP" vermittels der ersten Grammatikregel aus S hervorgegangen ist, könnten wir eine konstituenzielle Klammerung im Folgezustand vornehmen, also ⟨0, $[\text{NP VP}]_S$⟩. Der nächste Schritt wäre dann ⟨0, $[[\text{D N}]_{NP}\ \text{VP}]_S$⟩, wobei sich bereits eine verschachtelte konstituenzielle Struktur abzuzeichnen beginnt. Allerdings stoßen wir jetzt auf ein Problem: Führen wir in dieser Situation einen Wortabgleich zunächst mit *der* dann mit *Mann* durch, müssten wir diese dem bisherigen Vorgehen zufolge aus der Kategorienliste tilgen und dabei den Positionszähler hochsetzen. Es ergäbe sich ⟨2, $[[\ ]_{NP}\ \text{VP}]_S$⟩ – das kann jedoch nicht gewollt sein. Wir wollen statt einer Tilgung die Wörter mit ihren Wortklassen-Kategorien eintragen, müssen dabei aber deutlich machen, dass die Verarbeitung über diese Bereiche der Struktur bereits hinweggegangen ist. Dieses können wir so erreichen: ⟨2, $[[[\text{der}]_D\ [\text{Mann}]_N]_{NP}\ \$\text{VP}]_S$⟩. Das Dollarzeichen kennzeichnet die Kategorie, an der sich die Verarbeitung gerade befindet. Der nächste Verarbeitungsschritt setzt also bei dem VP-Symbol an und würde das Dollarzeichen auf die nächste zu verarbeitende Kategorie übertragen, also so: ⟨2, $[[[\text{der}]_D\ [\text{Mann}]_N]_{NP}\ [\$\text{V NP}]_{VP}]_S$⟩. Wir nehmen diese Markierung in jeden Zustand mit auf, also auch in die am

Anfang: $\langle 0, \$S\rangle$ und $\langle 0, [\$NP\ VP]_S\rangle$. Die drei grundlegenden Funktionen sind auf dieses Vorgehen in der folgenden Weise anzupassen:

Definition: *Regelanwendung* (mit Strukturaufbau)

Ist der aktuelle Zustand $\langle i, \ldots \$X \ldots\rangle$, dann ist dieser in $\langle i, \ldots [\$Y_1 \ldots Y_n]_X \ldots\rangle$ zu überführen, wenn die Regel $X \rightarrow Y_1 \ldots Y_n$ in der Grammatik enthalten ist. Für alle Regeln $X \rightarrow Z_1 \ldots Z_m$ sind Zustände der Form $\langle i, \ldots [\$Z_1 \ldots Z_m]_X \ldots\rangle$ der Liste der alternativen Zustände anzufügen.

Definition: *Wortabgleich* (mit Strukturaufbau)

Ist der aktuelle Zustand $\langle i, \ldots \$X \ldots Y \ldots\rangle$, dann ist dieser in $\langle i{+}1, \ldots [w_j]_X \ldots \$Y \ldots\rangle$ zu überführen, wenn die Regel $X \rightarrow \{w_1 \ldots w_m\}$ in der Grammatik enthalten ist und es ein j mit $1 \leq j \leq m$ gibt, so dass „… $_i\,w_j\,_{i+1}$…“ als Teil des Eingabesatzes fungiert. Y ist das nächste Kategorien-Symbol rechts von X. Folgt X kein weiteres Kategorien-Symbol nach, so entfällt die Positionsmarkierung \$.

Definition: *Abschlussprüfung* (mit Strukturaufbau)

Wenn der aktuelle Zustand $\langle i, [\ldots]\rangle$ keine Positionsmarkierung \$ enthält und i die letzte Position der Eingabekette ist, dann endet der Parsing-Prozess und es wird „ERFOLG“ ausgegeben.

Der Algorithmus für das Top-down-Parsing mit Backtracking ist nur an einer einzigen Stelle zu modifizieren, nämlich zu Beginn, wo statt $\langle 0, (S)\rangle$ als Anfangszustand $\langle 0, \$S\rangle$ eingesetzt werden muss. Damit können wir den Beispielsatz *Der Mann sieht das Buch* erneut parsen. Diesmal entsteht dabei nach und nach eine konstituenzielle Struktur:

Nr.	Aktueller Zustand	Alternative Zustände
1.	$\langle 0, \$S\rangle$	
2.	$\langle 0, [\$NP\ VP]_S\rangle$	
3.	$\langle 0, [[\$D\ N]_{NP}\ VP]_S\rangle$	**$\langle 0, [[\$D\ A\ N]_{NP}\ VP]_S\rangle$,** **$\langle 0, [[\$EN]_{NP}\ VP]_S\rangle$**
4.	$\langle 1, [[[der]_D\ \$N]_{NP}\ VP]_S\rangle$	$\langle 0, [[\$D\ A\ N]_{NP}\ VP]_S\rangle$, $\langle 0, [[\$EN]_{NP}\ VP]_S\rangle$
5.	$\langle 2, [[[der]_D\ [Mann]_N]_{NP}\ \$VP]_S\rangle$	$\langle 0, [[\$D\ A\ N]_{NP}\ VP]_S$v, $\langle 0, [[\$EN]_{NP}\ VP]_S\rangle$
6.	$\langle 2, [[[der]_D\ [Mann]_N]_{NP}\ [\$V\ NP]_{VP}]_S\rangle$	$\langle 0, [[\$D\ A\ N]_{NP}\ VP]_S\rangle$, $\langle 0, [[\$EN]_{NP}\ VP]_S\rangle$, $\langle 2, [[[der]_D\ [Mann]_N]_{NP}\ [\$V\ PP]_{VP}]_S\rangle$, **$\langle 2, [[[der]_D\ [Mann]_N]_{NP}\ [\$V\ NP\ PP]_{VP}]_S\rangle$**
7.	$\langle 3, [[[der]_D\ [Mann]_N]_{NP}\ [[sieht]_V\ \$NP]_{VP}]_S\rangle$	$\langle 0, [[\$D\ A\ N]_{NP}\ VP]_S\rangle$, $\langle 0, [[\$EN]_{NP}\ VP]_S\rangle$, $\langle 2, [[[der]_D\ [Mann]_N]_{NP}\ [\$V\ PP]_{VP}]_S\rangle$, $\langle 2, [[[der]_D\ [Mann]_N]_{NP}\ [\$V\ NP\ PP]_{VP}]_S\rangle$
8.	$\langle 3, [[[der]_D\ [Mann]_N]_{NP}\ [[sieht]_V\ [\$D\ N]_{NP}]_{VP}]_S\rangle$	$\langle 0, [[\$D\ A\ N]_{NP}\ VP]_S\rangle$, $\langle 0, [[\$EN]_{NP}\ VP]_S\rangle$, $\langle 2, [[[der]_D\ [Mann]_N]_{NP}\ [\$V\ PP]_{VP}]_S\rangle$, $\langle 2, [[[der]_D\ [Mann]_N]_{NP}\ [\$V\ NP\ PP]_{VP}]_S\rangle$, **$\langle 3, [[[der]_D\ [Mann]_N]_{NP}\ [[sieht]_V\ [\$D\ A\ N]_{NP}]_{VP}]_S\rangle$,** **$\langle 3, [[[der]_D\ [Mann]_N]_{NP}\ [[sieht]_V\ [\$EN]_{NP}]_{VP}]_S\rangle$**

Nr.	Aktueller Zustand	Alternative Zustände
9.	$\langle 4, [[[\text{der}]_D\ [\text{Mann}]_N]_{NP}\ [[\text{sieht}]_V\ [\ [\text{das}]_D\ \$N]_{NP}]_{VP}]_S\rangle$	$\langle 0, [[\$D\ A\ N]_{NP}\ VP]_S\rangle$, $\langle 0, [[\$EN]_{NP}\ VP]_S\rangle$, $\langle 2, [[[\text{der}]_D\ [\text{Mann}]_N]_{NP}\ [\$V\ PP]_{VP}]_S\rangle$, $\langle 2, [[[\text{der}]_D\ [\text{Mann}]_N]_{NP}\ [\$V\ NP\ PP]_{VP}]_S\rangle$, $\langle 3, [[[\text{der}]_D\ [\text{Mann}]_N]_{NP}\ [[\text{sieht}]_V\ [\$D\ A\ N]_{NP}]_{VP}]_S\rangle$, $\langle 3, [[[\text{der}]_D\ [\text{Mann}]_N]_{NP}\ [[\text{sieht}]_V\ [\$EN]_{NP}]_{VP}]_S\rangle$
10.	$\langle 4, [[[\text{der}]_D\ [\text{Mann}]_N]_{NP}\ [[\text{sieht}]_V\ [\ [\text{das}]_D\ [\text{Buch}]_N]_{NP}]_{VP}]_S\rangle$	$\langle 0, [[\$D\ A\ N]_{NP}\ VP]_S\rangle$, $\langle 0, [[\$EN]_{NP}\ VP]_S\rangle$, $\langle 2, [[[\text{der}]_D\ [\text{Mann}]_N]_{NP}\ [\$V\ PP]_{VP}]_S\rangle$, $\langle 2, [[[\text{der}]_D\ [\text{Mann}]_N]_{NP}\ [\$V\ NP\ PP]_{VP}]_S$v, $\langle 3, [[[\text{der}]_D\ [\text{Mann}]_N]_{NP}\ [[\text{sieht}]_V\ [\$D\ A\ N]_{NP}]_{VP}]_S\rangle$, $\langle 3, [[[\text{der}]_D\ [\text{Mann}]_N]_{NP}\ [[\text{sieht}]_V\ [\$EN]_{NP}]_{VP}]_S\rangle$
11.	ERFOLG	

4.2 CL-5: Chart-Parsing – Parsing mit Gedächtnis

Nachteile des Backtracking

Wir haben jetzt offenbar erreicht, was wir wollten, nämlich die automatische Ermittlung einer Konstituenten-Struktur auf der Grundlage einer Grammatik. Oder vielleicht doch nicht? Wenn man sich einmal genau ansieht, was beim Backtracking passiert, dann stellt man fest, dass diese Parsing-Methode keineswegs der Weisheit letzter Schluss ist. Nehmen wir an, es soll der Satz *Hans legt das Buch auf den Tisch* analysiert werden und die NP *Hans* wurde bereits erkannt. Dann werden aufgrund unserer dreier VP-Regeln drei Zustände gebildet, von denen ⟨1, (V NP)⟩ der aktuelle wird, weil die entsprechende Regel als erste in der Grammatik erscheint. ⟨1, (V PP)⟩ und ⟨1, (V NP PP)⟩ bilden die Liste der alternativen Zustände. Wenn nun die NP *das Buch* erfolgreich analysiert worden ist, sind keine Kategorien mehr vorhanden, die Positionsmarkierung aber noch nicht am Ende des Satzes angelangt, weshalb der Backtracking-Fall eintritt. Es wird erneut das Verb abgeglichen, danach geht es wiederum nicht weiter und der zweite Alternativzustand wird aktiviert. Nun wird wieder das Verb abgeglichen und ein zweites Mal die NP *das Buch* analysiert, bevor mit der Analyse der PP *auf den Tisch* begonnen wird. Im Endergebnis werden also die Kategorie V und das Wort *legt* dreimal, die NP *das Buch* zweimal analysiert, ohne dass sich irgendetwas an dem Ergebnis ändern würde. Gibt es noch mehr Regeln in der Grammatik mit Varianten für einzelne Kategorien, so kann eine Vervielfachung des Aufwandes beim Parsing gegenüber dem optimalen Fall, bei dem jeder neue Zustand einen richtigen Schritt zum Ziel darstellt, verzeichnet werden.

Es ist deshalb naheliegend, über die Speicherung von Zwischenergebnissen nachzudenken. Man könnte zum Beispiel in einer Liste vermerken, dass zwischen den Positionen 2 und 4 eine NP vorliegt, wenn diese schon einmal ermittelt worden ist. Diese Überlegungen führen uns zum Chart-Parsing. Beim Chart-Parsing werden tatsächlich alle bereits erkannten Konstituenten in der Form $\langle 1, 2, [\text{alte}]_A \rangle$ in einer Liste gespeichert. Der eigentliche Clou beim Chart-Parsing ist jedoch der, dass auch erst halb verarbeitete Regeln als Hypothesen für die nächsten Verarbeitungsschritte in einer Liste gespeichert werden, um jederzeit darauf zugreifen zu können. Eine Nominalphrase, bei der bereits ein Determinativ erkannt worden ist, ein Adjektiv und ein Nomen aber noch fehlen, kann so dargestellt werden: $\langle 0, 1, [[\text{der}]_D \ \$A\ N]_{NP}) \rangle$. Wir vermuten, dass an der Position 0 eine NP beginnt, von der bislang nur das Wort *der* erkannt worden ist. Wiederum wird das Dollarzeichen als Markierung derjenigen Stelle genutzt, an dem der nächste Schritt anzusetzen hat. Haben wir also in unserer Konstituentenliste einen Eintrag, der an der Position 1 beginnt und ein Adjektiv umfasst, dann können wir die NP-Hypothese um einen Schritt weiterführen: $\langle 0, 2, [[\text{der}]_D\ [\text{alte}]_A\ \$N]_{NP}) \rangle$. Wird nun noch zwischen den Positionen 2 und 3 im Eingabesatz ein Wort der Kategorie N gefunden, haben wir die Hypothese zu einer vollständig erkannten Konstituente gemacht und können diese für den aktuellen Parsing-Verlauf als gesichertes Wissen abspeichern: $\langle 0, 3, [[\text{der}]_D\ [\text{alte}]_A\ [\text{Mann}]_N]_{NP}) \rangle$. Die Grundidee beim Chart-Parsing ist nun die, Hypothesen und gesicherte Konstituenten miteinander in dieser Weise zu kombinieren, um zu neuen Hypothesen oder Konstituenten zu kommen. Keine Hypothese und keine Konstituente wird währenddessen gestrichen, alles Neue wird den jeweiligen Listen einfach angefügt. Wenn keine Kombinationen mehr möglich sind, gibt es immer noch die Möglichkeit, eine neues Wort einzulesen. Das Adjektiv *alte* beispielsweise, das zwischen Position 1 und 2 erscheint, wird in der oben beschriebenen Weise in die Liste der Konstituenten aufgenommen. Der Parsing-Vorgang ist zuende, wenn es keine Kombinationsmöglichkeiten mehr gibt.

Chart

Es muss allerdings gewährleistet sein, dass Hypothesen auch neu entstehen können. Wenn es beispielsweise eine Hypothese $\langle 0, 1, [[[\text{Hans}]_{EN}]_{NP}]\ \$VP]) \rangle$ gibt, also eine NP *Hans* erkannt wurde und nun der Beginn einer VP vermutet wird, dann muss es im nächsten Schritt darum gehen, Hypothesen über den Aufbau dieser vermuteten VP zu erstellen. Durch Abgleich mit der Grammatik ergeben sich dadurch drei neue Hypothesen: $\langle 1, 1, [\$V\ NP]_{VP}) \rangle$, $\langle 1, 1, [\$V\ PP]_{VP}) \rangle$ und $\langle 1, 1, [\$V\ NP\ PP]_{VP}) \rangle$. Bei diesen Hypothesen ist lediglich klar, dass sie etwas beschreiben, was an Position 1 beginnt. Da aber noch keine einzige der vermuteten Kategorien überprüft worden ist – das Dollarzeichen steht noch vor der allerersten –, endet der Bezugsbereich dieser Hypothese auch direkt an ihrem Anfangspunkt, also an der Position 1. Ganz zu Beginn des Parsing-Prozesses muss außerdem eine Hypothese gebildet werden, die zum Ausdruck bringt, dass ein Satz erwartet wird: $\langle 0, 0, [\$NP\ VP]_S) \rangle$.

Hypothesenbildung

Damit haben wir insgesamt vier Operationen, die beim Chart-Parsing eine Rolle spielen. In allgemeiner Form lassen sie sich folgendermaßen definieren (dabei orientieren wir uns am sogenannten Earley-Algorithmus):

Definition: *Operationen beim Chart-Parsing*

Chart initialisieren:
Wenn X das Startsymbol der Grammatik ist, dann nimm für alle Regeln $X \rightarrow Y_1 \ldots Y_n$ der Grammatik eine Hypothese $\langle 0, 0, [\$Y_1 \ldots Y_n]_X)\rangle$ in die Chart auf.

Hypothesen und Konstituenten kombinieren:
Wenn eine Hypothese $\langle i, j, [\ldots \$Y \ldots]_X)\rangle$ an beliebiger Position in der Chart und eine Konstituente $\langle j, k, [\ldots]_Y)\rangle$ in Zeile m der Chart enthalten sind, dann nimm die Hypothese $\langle i, k, [\ldots \mathrm{KON(m)}\ \$\ldots]_X)\rangle$ in die Chart auf.
Wenn eine Hypothese $\langle i, j, [\ldots \$Y]_X)\rangle$ an beliebiger Position in der Chart und eine Konstituente $\langle j, k, [\ldots]_Y)\rangle$ in Zeile m der Chart enthalten sind, dann nimm die Konstituente $\langle i, k, [\ldots \mathrm{KON(m)}]_X)\rangle$ in die Chart auf.
„KON(m)" verweist auf diejenige Konstituente, die in der Chart in Zeile m erscheint.

Initiale Hypothesen bilden:
Wenn eine Hypothese $\langle i, j, [\ldots \$Y \ldots]_X\rangle$ in der Chart enthalten ist, dann nimm für alle Regeln $Y \rightarrow Z_1 \ldots Z_n$ der Grammatik eine Hypothese $\langle j, j, [\$Z_1 \ldots Z_n]_X\rangle$ in die Chart auf.

Wort einlesen:
Befindet sich zwischen den Positionen i und i+1 in der Eingabekette das Wort w_j und gibt es Regeln $X \rightarrow \{w_1 \ldots w_m\}$ in der Grammatik, so dass $1 \leq j \leq m$ gilt, dann nimm für alle Regeln eine Konstituente $\langle i, i+1, [w_j]_X\rangle$ in die Chart auf.

Bei der Kombination von Hypothesen und Konstituenten wird hier zugleich eine konstituenzielle Klammerstruktur aufgebaut. In das Ergebnis dieser Kombination wird mit „KON(m)" ein Verweis auf die Konstituente eingebaut, so dass der „Entstehungsweg" einer neuen Hypothese oder Konstituente nachvollziehbar wird.

Chart-Parsing ist einfach

Der Parsing-Vorgang selbst ist mit diesen Operationen fast schon trivial. Man beginnt damit, die Chart zu initialisieren. Dann werden alle möglichen Kombinationen von Hypothesen und Konstituenten durchgeführt, die entstehenden Hypothesen und Konstituenten in die Chart eingetragen. Aus allen auf diese Weise neu entstandenen Hypothesen werden initiale Hypothesen gebildet, wenn möglich. Danach wird ein neues Wort eingelesen. Das Ende ist erreicht, wenn es keine Wörter mehr gibt, die eingelesen werden können. Das Ergebnis des Parsing-Prozesses lässt sich in der Chart ablesen: Gibt es eine (oder mehrere) Konstituente, die von der ersten bis zur letzten Position der Eingabekette reicht, so bildet sie deren konstituenzielle Analyse.

Im Folgenden wird der komplette Parsing-Verlauf für unseren Beispielsatz *Der Mann sieht das Buch* dargestellt. Die erste Tabelle enthält alle Operationen, die durchgeführt werden, und deren Ergebnis in der Chart. Bei den Operationen ist das Einlesen eines jeden

Wortes hervorgehoben, beim Ergebnis immer die Eintragung einer neuen Konstituente:

Nr.	Operation	Ergebnis
1.	Chart mit Regel 1 initialisieren	Hypothese 1
2.	aus Hypothese 1 und Regel 2 neue Hypothese bilden	Hypothese 2
3.	aus Hypothese 1 und Regel 3 neue Hypothese bilden	Hypothese 3
4.	aus Hypothese 1 und Regel 4 neue Hypothese bilden	Hypothese 4
5.	**Einlesen des Wortes *der***	**Konstituente 1**
6.	Hypothese 2 mit Konstituente 1 verbinden	Hypothese 5
7.	Hypothese 3 mit Konstituente 1 verbinden	Hypothese 6
8.	**Einlesen des Wortes *Mann***	**Konstituente 2**
9.	Hypothese 5 mit Konstituente 2 verbinden	**Konstituente 3**
10.	Hypothese 1 mit Konstituente 3 verbinden	Hypothese 7
11.	aus Hypothese 7 mit Regel 5 neue Hypothese bilden	Hypothese 8
12.	aus Hypothese 7 mit Regel 6 neue Hypothese bilden	Hypothese 9
13.	aus Hypothese 7 mit Regel 7 neue Hypothese bilden	Hypothese 10
14.	**Einlesen des Wortes *sieht***	**Konstituente 4**
15.	Hypothese 8 mit Konstituente 4 verbinden	Hypothese 11
16.	Hypothese 9 mit Konstituente 4 verbinden	Hypothese 12
17.	Hypothese 10 mit Konstituente 4 verbinden	Hypothese 13
18.	aus Hypothese 11 mit Regel 2 neue Hypothese bilden	Hypothese 14
19.	aus Hypothese 11 mit Regel 3 neue Hypothese bilden	Hypothese 15
20.	aus Hypothese 11 mit Regel 4 neue Hypothese bilden	Hypothese 16
21.	aus Hypothese 12 mit Regel 8 neue Hypothese bilden	Hypothese 17
22.	**Einlesen des Wortes *das***	**Konstituente 5**
23.	Hypothese 14 mit Konstituente 5 verbinden	Hypothese 18
24.	Hypothese 15 mit Konstituente 5 verbinden	Hypothese 19
25.	**Einlesen des Wortes *Buch***	**Konstituente 6**
26.	Hypothese 18 mit Konstituente 6 verbinden	**Konstituente 7**
27.	Hypothese 11 mit Konstituente 7 verbinden	**Konstituente 8**
28.	Hypothese 7 mit Konstituente 8 verbinden	**Konstituente 9**

Die Chart selbst enthält nach Abschluss der Analyse die folgenden Einträge:

Nr.	Hypothesen	Konstituenten
1.	$\langle 0, 0, [\$\text{NP VP}]_{S} \rangle$	$\langle 0, 1, [\text{der}]_{D} \rangle$
2.	$\langle 0, 0, [\$\text{D N}]_{NP} \rangle$	$\langle 1, 2, [\text{Mann}]_{N} \rangle$
3.	$\langle 0, 0, [\$\text{D A N}]_{NP} \rangle$	$\langle 0, 2, [\text{KON(1) KON(2)}]_{NP} \rangle$
4.	$\langle 0, 0, [\$\text{EN}]_{NP} \rangle$	$\langle 2, 3, [\text{sieht}]_{V} \rangle$
5.	$\langle 0, 1, [\text{KON(1) }\$\text{N}]_{NP} \rangle$	$\langle 3, 4, [\text{das}]_{D} \rangle$
6.	$\langle 0, 1, [\text{KON(1) }\$\text{A N}]_{NP} \rangle$	$\langle 4, 5, [\text{Buch}]_{N} \rangle$
7.	$\langle 0, 2, [\text{KON(3) }\$\text{VP}]_{S} \rangle$	$\langle 3, 5, [\text{KON(5) KON(6)}]_{NP} \rangle$
8.	$\langle 2, 2, [\$\text{V NP}]_{VP} \rangle$	$\langle 2, 5, [\text{KON(4) KON(7)}]_{VP} \rangle$
9.	$\langle 2, 2, [\$\text{V PP}]_{VP} \rangle$	$\langle 0, 5, [\text{KON(3) KON(8)}]_{S} \rangle$
10.	$\langle 2, 2, [\$\text{V NP PP}]_{VP} \rangle$	
11.	$\langle 2, 3, [\text{KON(4) }\$\text{NP}]_{VP} \rangle$	
12.	$\langle 2, 3, [\text{KON(4) }\$\text{PP}]_{VP} \rangle$	
13.	$\langle 2, 4, [\text{KON(4) }\$\text{NP PP}]_{VP} \rangle$	
14.	$\langle 3, 3, [\$\text{D N}]_{NP} \rangle$	
15.	$\langle 3, 3, [\$\text{D A N}]_{NP} \rangle$	
16.	$\langle 3, 3, [\$\text{EN}]_{NP} \rangle$	
17.	$\langle 3, 3, [\$\text{P NP}]_{PP} \rangle$	
18.	$\langle 3, 4, [\text{KON(5) }\$\text{N}]_{NP} \rangle$	
19.	$\langle 3, 4, [\text{KON(5) }\$\text{A N}]_{NP} \rangle$	

Die neunte Konstituente erstreckt sich von Position 0 bis Position 5, also über den ganzen Eingabesatz. Wenn wir, ausgehend von dieser Konstituente, die Verweise auf andere Konstituenten auflösen, indem wir diese an die entsprechenden Stellen hineinkopieren, so ergibt sich schließlich die vollständig geklammerte Konstituentenstruktur des Eingabesatzes:

(30) [**KON(3)** KON(8)]$_{S}$
↳[[KON(1) KON(2)]$_{NP}$ **KON(8)**]$_{S}$
↳[[**KON(1)** KON(2)]$_{NP}$ [KON(4) KON(7)]$_{VP}$]$_{S}$
↳[[[der]$_{D}$ **KON(2)**]$_{NP}$ [KON(4) KON(7)]$_{VP}$]$_{S}$
↳[[[der]$_{D}$ [Mann]$_{N}$]$_{NP}$ [**KON(4)** KON(7)]$_{VP}$]$_{S}$
↳[[[der]$_{D}$ [Mann]$_{N}$]$_{NP}$ [[sieht]$_{V}$ **KON(7)**]$_{VP}$]$_{S}$
↳[[[der]$_{D}$ [Mann]$_{N}$]$_{NP}$ [[sieht]$_{V}$ [**KON(5)** KON(6)]$_{NP}$]$_{VP}$]$_{S}$
↳[[[der]$_{D}$ [Mann]$_{N}$]$_{NP}$ [[sieht]$_{V}$ [[das]$_{D}$ **KON(6)**]$_{NP}$]$_{VP}$]$_{S}$
↳[[[der]$_{D}$ [Mann]$_{N}$]$_{NP}$ [[sieht]$_{V}$ [[das]$_{D}$ [Buch]$_{N}$]$_{NP}$]$_{VP}$]$_{S}$

Vorteile

An diesem Beispiel ist recht gut zu erkennen, dass das Chart-Parsing zwei Vorteile in sich vereint. Zum einen macht es jede Form von Backtracking überflüssig, weil alle Zwischenergebnisse abgespeichert werden und wiederverwendet werden können. Zum anderen verbindet es die Vorteile von Top-down- und Bottom-up-Parsing miteinander. Beim Top-down-Parsing leiten die Regeln den Analyseprozess und es werden nur solche Kategorien zu analysieren versucht, die auch tatsächlich an einer bestimmten Stelle grammatisch sinnvoll erscheinen können. Ein Vorteil des Bottom-up-Parsing ist es hingegen, von den realen Sprachdaten ausgehend ausschließlich Analyseschritte zu vollziehen, die eine empirische Grundlage besitzen und sich nicht in einer vielleicht überflüssigen Hypothesenbildung zu verausgaben. Beim Chart-Parsing nun erreichen wir beides gleichzeitig: Die Hypothesen werden *top down* gebildet – angefangen bei einer allgemeinsten Annahme über die Satzstruktur –, die Konstituenten hingegen *bottom up*, wie man an der Reihenfolge ihrer Entstehung im Beispiel oben gut erkennen kann.

4.3 TT-3: Annotation – Strukturinformation in Texten

Nachdem wir im vorangegangenen Abschnitt gesehen haben, wie Sätze auf der Grundlage einer Grammatik geparst werden können, wollen wir uns nun ansehen, wie eine Dokumentgrammatik genutzt wird, um Texte zu strukturieren. Aus dieser Formulierung wird schon deutlich, dass es bei der Nutzung einer Dokumentgrammatik nicht um Text-Parsing geht. Auch dies ist zwar ein wichtiges Teilgebiet der Texttechnologie, erfordert aber weitaus mehr Wissensquellen als nur ein paar Grammatikregeln. Das liegt daran, dass das Verstehen eines Textes vor allem mit der Kombination und der Erschließung von Bedeutungen zu tun hat und sich diese aus den im Text enthaltenen Sätzen ergibt. Gutes Text-Parsing setzt also Satz-Parsing und die Bedeutungsanalyse von Sätzen voraus.

Dokumentgrammatiken werden stattdessen genutzt, um Texte mit grammatischer Strukturinformation anzureichern, die Baumstruktur des Textes gewissermaßen durch entsprechende Markierungen hervortreten zu lassen und die Korrektheit dieser Markierung anhand der Dokumentgrammatik zu überprüfen. Die in Abschnitt 3.3 (TT-2) dargestellte Dokumenttyp-Definition I kann danach verwendet werden, um den Beispieltext mittels sogenannter Tags zu strukturieren:

```
<Meldung><Titel>Merkels Reise verärgert Steinmeier </Titel><Ort>
Kundus</Ort><Text><Absatz>Außenminister Frank-Walter Steinmeier (SPD)
ist irritiert über die Umstände der überraschenden Afghanistan-Reise
von Kanzlerin Angela Merkel (CDU). Steinmeier habe <Zitat>mehr oder
weniger durch Zufall</Zitat> von der Reise erfahren, sagte sein Spre-
cher. Nach SZ-Informationen erfuhr Steinmeier erst auf Nachfrage am
```

```
Sonntag am Rande des EU-USA-Gipfels in Prag von der Reise. Im Aus-
wärtigen Amt herrscht auch Verwunderung darüber, dass keine poli-
tischen Gespräche in Kabul geplant waren. Unmittelbar nach der Visi-
te in Kundus wurde das Feldlager mit zwei Raketen beschossen. Der
Norden des Landes werde auch in den nächsten Jahren die Präsenz der
Bundeswehr brauchen, sagte Merkel.</Absatz></Text><Verweis> Seiten 4
und 5</Verweis><Agentur>dpa</Agentur><Quelle><Name>Süddeutsche Zei-
tung</Name><Datum>07.04.2009</Datum><Seite>1</Seite></Quelle> </Mel-
dung>
```

Eine alternative Darstellung bietet auch hier die eingerückte Klammerung, durch die die im Text enthaltene Baumstruktur deutlich wird:

```
<Meldung>
  <Titel>Merkels Reise verärgert Steinmeier</Titel>
  <Ort>Kundus</Ort>
  <Text>
   <Absatz>Außenminister Frank-Walter Steinmeier (SPD) ist irritiert
   über die Umstände der überraschenden Afghanistan-Reise von Kanz-
   lerin Angela Merkel (CDU). Steinmeier habe <Zitat>mehr oder we-
   niger durch Zufall</Zitat> von der Reise erfahren, sagte sein
   Sprecher. Nach SZ-Informationen erfuhr Steinmeier erst auf Nach-
   frage am Sonntag am Rande des EU-USA-Gipfels in Prag von der Rei-
   se. Im Auswärtigen Amt herrscht auch Verwunderung darüber, dass
   keine politischen Gespräche in Kabul geplant waren. Unmittelbar
   nach der Visite in Kundus wurde das Feldlager mit zwei Raketen
   beschossen. Der Norden des Landes werde auch in den nächsten Jah-
   ren die Präsenz der Bundeswehr brauchen, sagte Merkel.</Absatz>
  </Text>
  <Verweis>Seiten 4 und 5</Verweis>
  <Agentur>dpa</Agentur>
  <Quelle>
   <Name>Süddeutsche Zeitung</Name>
   <Datum>07.04.2009</Datum>
   <Seite>1</Seite>
  </Quelle>
</Meldung>
```

XML-Dokumentinstanz

Eine solche Anreicherung eines Textes um Tags, die gemäß einer Dokumentgrammatik verschachtelt in den Text eingetragen sind, wird als XML-„Dokumentinstanz" bezeichnet. Um deutlich zu machen, zu welcher Dokumentgrammatik eine Dokumentinstanz gehört, kann in der ersten Zeile noch eine Dokumenttyp-Deklaration eingetragen werden:

```
<!DOCTYPE Meldung SYSTEM „meldung.dtd“>
<Meldung>
...
</Meldung>
```

Die Dokumenttyp-Deklaration benennt dasjenige Element, das den gesamten Text umgibt (den Wurzelknoten in der Baumdarstellung), und gibt an, wo die Datei zu finden ist, die die Dokumentgrammatik als Text enthält (in diesem Beispiel die „meldung.dtd“ im selben Verzeichnis wie die Datei der Dokumentinstanz).

Tags

Der Aufbau der Tags folgt einem festen Schema: Das Anfangstag eines Elements ist mit spitzen Klammern umgeben, das Endtag ebenso, wobei nach der öffnenden Klammer noch ein Schrägstrich erscheint. Die Regelungen in der Dokumentgrammatik, die darin enthaltenen Element-Deklarationen, legen fest, welche Tags in der Dokumentinstanz in welchen anderen enthalten sein können und an welcher Stelle Text erscheinen darf:

Deklaration	Instanz
`<!ELEMENT Ort (#PCDATA)>`	`<Ort>Kundus</Ort>`

`<!ELEMENT Quelle (Name,`
`Datum,`
`Seite)>`
	`<Quelle>`
	`<Name>...</Name>`
	`<Datum>...</Datum>`
	`<Seite>...</Seite>`
	`</Quelle>`

Es gibt also einen wichtigen Unterschied zwischen den Regeln einer kontextfreien Grammatik nach dem Muster NP → D A N, wie wir sie für das Parsing von Sätzen genutzt haben, und den Regeln in XML-Element-Deklarationen für die Beschreibung von Textstrukturen. Während die Regeln einer kontextfreien Grammatik in letzter Instanz Wortfolgen beschreiben und diesen Kategorien zuzuordnen erlauben, beschreiben die XML-Regeln nicht die textuellen Daten, sondern deren Strukturierung durch Tags. Strenggenommen handelt es sich also um zwei verschiedene Arten von Regeln; eine Element-Deklaration müsste in ihrer vollständigen Darstellung eigentlich auch die Tags enthalten. Anstatt also so:

(31) Quelle → Name, Datum, Seite

müsste die Regeln eigentlich so aussehen:

(32) Quelle → <Quelle>Name, Datum, Seite</Quelle>

Damit wird auch deutlich, dass das Parsing-Problem bei XML-Dokumentinstanzen weitaus weniger komplex ist als bei Sätzen der natürlichen Sprache und wir deshalb anstatt von Parsing auch von Validierung sprechen.

Validierung von Dokumentinstanzen

Das Grundprinzip bei der Validierung besteht darin, bei jedem Tag-Paar, das in einer Dokumentinstanz gefunden wird, zu kontrollieren, ob der dazwischen erscheinende Inhalt durch die dem Tag entsprechende Element-Deklaration korrekt beschrieben wird. In unserem Beispiel wird also kontrolliert, ob zwischen zwei „Ort"-Tags tatsächlich ein Textstück erscheinen darf oder nicht. Bei einem Element wie „Quelle" ist zu kontrollieren, ob die drei zwischen den zwei „Quelle"-Tags erscheinenden Tag-Paare „Name", „Datum" und „Seite" laut Element-Deklaration hier tatsächlich erscheinen dürfen, genau in dieser Reihenfolge, und ob irgendwelche anderen Elemente womöglich fehlen. Eine solche strukturelle Überprüfung von Dokumentinstanzen nach der Maßgabe einer Dokumentgrammatik ist also nicht sonderlich interessant, stellt keine besondere Herausforderung dar und kann ohne weiteres schnell und zuverlässig von einem Computerprogramm übernommen werden. In fast allen Software-Systemen, die XML „verstehen", ist eine solche Validierungsprozedur eingebaut.

Nutzen der Textannotation

Warum wird ein Text in dieser Weise annotiert? Beim Parsen eines Satzes und der Ermittlung einer konstituenziellen Struktur ist die Sache ja klar: Wir wollen wissen, wie der Satz grammatisch aufgebaut ist, um z.B. in einem zweiten Schritt seine Bedeutung zu ermitteln. Wozu ist uns aber die konstituenzielle Struktur eines Textes von Nutzen?

Der Bedarf nach einer derartigen Annotation von Texten leitet sich ursprünglich von Erfordernissen des elektronischen Publizierens ab. Wenn ein Text hierarchisch in Informationseinheiten aufgeteilt ist, dann kann man diesen Informationseinheiten bestimmte Gestaltungsmerkmale zuordnen. Je tiefer man sich in der Struktur befindet, desto spezifischer sind diese Gestaltungsmerkmale und auf einen umso kleineren Teil des Textes finden sie Anwendung. Für die Dokumentinstanz unserer Meldung können wir z.B. die folgenden Festlegungen vornehmen:

Element	**Formatierungsanweisung**
Meldung	Schriftart Arial, Schriftauszeichnung Standard, Schriftgrad 10
Titel	Schriftauszeichnung fett, am Ende Zeilenumbruch
Ort	am Ende „ – " einfügen
Text	keine
Absatz	am Ende Zeilenumbruch
Zitat	am Anfang und am Ende Anführungszeichen einfügen
Verweis	am Anfang „(" und am Ende „)" einfügen
Agentur	am Ende Zeilenumbruch

Element	Formatierungsanweisung
Quelle	am Anfang „Quelle: " einfügen, Schriftgrad 9
Name	Schriftschnitt kursiv, am Ende „, " einfügen
Datum	Datumsangabe in explizite Form umwandeln, am Ende „, " einfügen
Seite	Am Anfang „Seite " einfügen

Wird nun jedes Element durch entsprechende Textauszeichnungen und einleitenden oder abschließenden Zeichensequenzen ersetzt, ergibt sich unser Ausgangstext:

Merkels Reise verärgert Steinmeier

Kundus – Außenminister Frank-Walter Steinmeier (SPD) ist irritiert über die Umstände der überraschenden Afghanistan-Reise von Kanzlerin Angela Merkel (CDU). Steinmeier habe „mehr oder weniger durch Zufall" von der Reise erfahren, sagte sein Sprecher. Nach SZ-Informationen erfuhr Steinmeier erst auf Nachfrage am Sonntag am Rande des EU-USA-Gipfels in Prag von der Reise. Im Auswärtigen Amt herrscht auch Verwunderung darüber, dass keine politischen Gespräche in Kabul geplant waren. Unmittelbar nach der Visite in Kundus wurde das Feldlager mit zwei Raketen beschossen. Der Norden des Landes werde auch in den nächsten Jahren die Präsenz der Bundeswehr brauchen, sagte Merkel.
(Seiten 4 und 5) dpa
Quelle: *Süddeutsche Zeitung*, Dienstag, den 07. April 2009 , Seite 1

Der Witz an dieser Art der Textauszeichnung besteht darin, dass die jeweiligen Eigenschaften ganz von selbst unterschiedliche Gültigkeitsbereiche haben. Während die Festlegungen für das Element „Meldung" – Arial Standard 10 – den gesamten Text betreffen, wird beim Element „Titel" diesen Eigenschaften noch die Eigenschaft „fett" ergänzt. Nach dem Ende des Elements „Titel" gelten dann die für das „Meldung"-Element festgelegten Eigenschaften weiter, ohne dass dieses gesondert vermerkt werden muss. Dieses Prinzip unterscheidet sich fundamental von dem, wie es beispielsweise im Textverarbeitungsprogramm Word der Firma Microsoft zur Anwendung kommt. Dort gibt es keine hierarchisch verschachtelten Formatierungsanweisungen, so dass Darstellungseigenschaften den einzelnen Textteilen immer wieder explizit zugewiesen werden müssen, wobei keine weitergehende Automatisierung möglich ist.

Formatierung

Ein weiterer wichtiger Punkt ist der, dass diese Tabelle natürlich auch auf andere Meldungen, die nach der Meldung-DTD in XML strukturiert sind, übertragen werden kann. Ohne dass also irgendein Formatierungsaufwand anfällt, kann jedem weiteren Text diese einmal festgelegten Darstellungseigenschaften zugewiesen werden. Aus dem Beispiel geht hervor, dass neben der Zuweisung von typografischen Eigenschaften auch Klammern, Zeichen und Textstücke ergänzt werden können. Während durch das Element „Seite" in der

XML-Dokumentinstanz lediglich die Zahl 1 markiert wird, erscheint in der Darstellung des Textes davor die Zeichenkette „Seite". Derartige wiederkehrende Textstücke werden nicht anders behandelt als die Klammern um den Verweis („Seiten 4 und 5") oder die Anführungszeichen, die das Zitat markieren. Auch eine noch weitergehende Umsetzung des annotierten Textes ist möglich – die Datumsangabe in der XML-Dokumentinstanz folgt einem numerischen Standard („07.04.2009"), während in der Textdarstellung eine „ausgeschriebene" Version erscheint: „Dienstag, den 07. April 2009". Wenn in einem Element Daten eines bestimmten Typs wie Datumsangaben erscheinen, dann kann also dafür eine bestimmte Umsetzung festgelegt und automatisch durch Programme durchgeführt werden.

Nun gibt es ganz unterschiedliche Formate, in denen derartige Ausformungen des Textes vorgenommen werden können. Auch wenn man aber seinen Text in diese unterschiedlichen Formate umsetzen lassen möchte, muss an der XML-Dokumentinstanz nichts geändert werden, lediglich die rechte Spalte der Zuordnungstabelle ist anzupassen. Und auch das Aussehen des Textes – will man die Überschrift statt fett lieber größer darstellen, die Agenturangabe in einer neuen Zeile erscheinen lassen eingeleitet durch „Agentur: " usw. – lässt sich beliebig verändern, ohne dass die annotierte Dokumentinstanz geändert werden muss. Die Annotierung von Texten und die Strukturierung mittels Dokumentgrammatiken ist also ein Weg, Textdaten *nachhaltig* zu speichern, da sie unabhängig bleiben von einer bestimmten Darstellungsweise oder Software-Technik. Dieser Vorteil wird heute überall dort genutzt, wo es darum geht, Text über längere Zeit zu nutzen, zu überarbeiten usw., und dieses ist der riesige Bereich von Sachtexten, Wörterbüchern und Lexika, technischen Dokumentationen, Handbücher und so weiter und so fort.

4.4 Fazit, Aufgaben, Vertiefung

Fazit

Ein Parser gleicht einen Eingabesatz mit den Regeln der Grammatik ab, wobei er entweder *top down*, also beginnend mit der allgemeinsten Kategorie S, oder *bottom up*, dann beginnend mit den Wörtern, vorgehen kann. Der Fortschritt der Satz-Analyse wird durch einen aktuellen Zustand fixiert, der die Position im Satz enthält, bis zu der der Verarbeitungsvorgang vorgedrungen ist, und eine Liste von Kategorien, die noch abzugleichen sind. Der aktuelle Zustand wird um alternative Zustände ergänzt, die aus alternativen Regeln abgeleitet wurden und dann aktiviert werden, wenn der aktuelle Zustand in eine Verarbeitungssackgasse geführt hat. Der Aufbau einer konstituenziellen Struktur in Gestalt einer indizierten Klammerung des Eingabesatzes kann in einen solchen Parsing-Verlauf relativ leicht eingebaut werden, indem jede Regelanwendung durch eine entsprechende Klammerung abgespeichert wird.

Ein besonderes Problem beim Parsing stellen die alternativen Zustände dar, die zu einem sehr ineffizienten Verlauf führen können. Dieser Nachteil wird beim Chart-Parsing überwunden, indem jeder Verarbeitungsschritt des Parsers zu einem Zwischenergebnis führt, das in einer Tabelle, der Chart, abgespeichert wird. Zwischenergebnisse sind dabei nicht nur vollständig analysierte Konstituenten, sondern auch bislang nur teilweise analysierte Regeln, die als Hypothesen über den weiteren Verarbeitungsverlauf eingetragen werden.

In Texten werden die Grammatikregeln der Dokumenttyp-Definition nicht dazu genutzt, um automatisch die Textstruktur zu ermitteln. Stattdessen sind in einer XML-Dokumentinstanz Markierungen, Tags, enthalten, die in ihrer Gesamtheit einer konstituenziellen Klammerung von Sätzen entsprechen. Die korrekte Verwendung dieser Tags kann mit der Grammatik überprüft werden. Eine solche XML-Dokumentinstanz bildet die Basis für effiziente Publikationsprozesse: Texte eines bestimmten Typs müsse nicht mehr einzeln mit Layout-Informationen versehen werden. Stattdessen können globale Festlegungen vorgenommen werden, die sich auf die durch die Tags markierten Informationseinheiten, die Strukturelemente, beziehen. Auf diese Weise kann die Darstellung des Textes verändert werden, ohne das im Text selbst Änderungen vorgenommen werden müssen. Die Annotation von Texten auf der Grundlage von XML-Dokumentgrammatiken trägt auf diese Weise zu einer nachhaltigen Verwendung der Ressource Text bei.

CL-Aufgaben

1. „Parsen“ Sie den Satz „Hans legt das Buch auf den Tisch“ nach dem Prinzip des Top-down-Parsing mit Backtracking ohne Strukturaufbau. Stellen Sie die aktuellen und die alternativen Zustände Schritt für Schritt in einer Tabelle dar.
2. Betrachten Sie den letzten Schritt dieses Parsing-Verlaufs und nehmen Sie für den aktuellen und alle alternativen Zustände eine indizierte Klammerung vor, die sich am Ende eines Parsing-Verlaufs mit Strukturaufbau ergeben würde.
3. Analysieren Sie den Beispielsatz „Hans legt das Buch auf den Tisch“ nun per Chart-Parsing. Erfassen Sie alle Operationen und deren Ergebnisse, Hypothesen und Konstituenten, in einer Tabelle und leiten sie am Ende die vollständige indizierte Klammerung des Satzes als das Parsing-Ergebnis ab.

TT-Aufgaben

1. Annotieren Sie die Wörterbuch-Einträge aus dem Aufgaben-Bereich des vorherigen Kapitels mit der dort entwickelten Doku-

mentgrammatik. Überprüfen Sie die Korrektheit Ihrer Annotation unter http://www.validome.org/xml/. Sie können den Text des annotierten Dokuments direkt in das Fenster „Quellcode" kopieren. Wenn Sie das Kästchen „Nur auf Wohlgeformtheit prüfen" anklicken, wird das annotierte Dokument nicht mit der DTD abgeglichen. Zur Kontrolle der strukturellen Korrektheit müssen Sie die Datei, in der die im Aufgabenbereich des vorherigen Kapitels entwickelte DTD enthalten ist, über das Feld „Upload" zunächst laden.

5. Stellen Sie für alle verwendeten Elemente in einer Tabelle dar, welche Formatierungsanweisungen für sie zu gelten haben, um die originale Gestaltung der Wörterbuch-Einträge zu erhalten (Fett- und Kursiv-Druck, Zeilenumbrüche, Interpunktion usw.).

Vertiefung

Eine umfassende Darstellung von Parsing-Verfahren findet sich in Naumann/Langer (1994). Allen (1995) stellt insbesondere das Chart-Parsing in einer sehr gut nachvollziehbaren Form detailliert dar. Einen kürzeren Überblick über verschiedene Verfahren bietet Langer (2004).

Die Prinzipien der Annotation von XML-Dokumenten stellt Lobin (2000, 37-68) ausführlich dar.

5 Merkmale und Attribute

5.0 Ziele und WarmUp

Sätze und Texte sind viel reichhaltiger, als dass sie nur durch simple Kategorien und Elemente beschrieben werden könnten. In diesem Kapitel werden wir uns deshalb ansehen, wie durch die Verwendung von Merkmalen in der Grammatik und von Attributen in XML linguistische bzw. textuelle Datenstrukturen geschaffen werden können. Bei der Verwendung von Merkmalen in der Grammatik werden die verschiedenen morphologischen Kategorien wie Kasus, Numerus, Person usw. erfasst, so dass mit den Regeln bei der Kombination von Kategorien auch die gegenseitige Bezugnahme von Wörtern, die sogenannte Kongruenz, dargestellt werden kann. In textuellen Datenstrukturen werden Attribute dazu verwendet, den Typ von Informationen genauer zu beschreiben.

Ziele

In diesem Kapitel werden wir

- Grammatikregeln mit Berücksichtigung von Merkmalen neu formulieren,
- die Funktion von Variablen in Merkmalstrukturen betrachten,
- uns ansehen, wie Lexikoneinträge für Wörter mit Merkmalen ausgestattet werden,
- einen Eindruck erhalten, wie Merkmalstrukturen ganze Phrasen und Sätze beschreiben und wie diese durch Parsing aufgebaut werden können,
- die Definitionen von Elementen in Dokumentgrammatiken um Attribute als Zusatzinformationen erweitern und
- uns ansehen, wie XML-Editoren Strukturinformation nutzen, um die Dateneingabe zu kontrollieren und zu lenken.

WarmUp

Welche Eigenschaften von Wörtern sind relevant, wenn es darum geht, *der altes Haus* von *das alte Haus* zu unterscheiden? Was ist die Funktion von dieser Art der Anpassung der Wörter untereinander, der Kongruenz? In welchen anderen Bereichen tritt im Deutschen Kongruenz neben der Nominalphrase sonst noch auf?

5.1 CL-6: Merkmale – Aufbau linguistischer Strukturen

Die bisher verwendete Grammatik (Grammatik und Lexikon I) hat einen gewaltigen Nachteil: Sie erlaubt uns viele ungrammatische Sätze zu bilden wie etwa die folgenden:

(23) a. Das Mann sieht den Buch.
b. Das Buch liegt dem Tisch.
c. Der Mann sieht dem Tisch.

Warum sind diese Sätze ungrammatisch? In (33a) passen offensichtlich in den Nominalphrasen die Genus-Zuordnung von Determinativ und Nomen nicht zusammen: *das* ist eine Form im Nominativ oder Akkusativ Neutrum, *Mann* hingegen im Nominativ, Dativ oder Akkusativ Maskulinum. In (b) passt das Verb *liegt* nicht zum nachfolgenden Satzglied, es muss statt mit einer Nominalphrase im Dativ mit einer Präpositionalphrase, die einen Ort bezeichnet, kombiniert werden. In (c) ist ein falscher Kasus in der Nominalphrase *dem Tisch* gewählt, da eine NP im Akkusativ erscheinen muss, um in dieser Funktion mit dem Verb *sieht* kombiniert werden zu können.

Nun kann man entgegnen, dass eine Lösung für dieses Problem leicht zu erzielen ist. Man muss lediglich für die Kategorien, die in den Grammatikregeln erscheinen, Untergruppen bilden, in denen die Wörter mit den richtigen Eigenschaften enthalten sind. Anstatt also nur NP → D N zu sagen, müsste man für das Problem in (a) folgendes festlegen: $NP_{nom+mask} \rightarrow D_{nom+mask}\ N_{nom+mask}$. Natürlich sind dann auch alle anderen Kombinationen zu berücksichtigen, also die drei anderen Kasus und die beiden anderen Genera. Dies ergibt eine lange Liste mit insgesamt 12 Einträgen

1. $NP_{nom+mask} \rightarrow D_{nom+mask}\ N_{nom+mask}$
2. $NP_{gen+mask} \rightarrow D_{gen+mask}\ N_{gen+mask}$
3. $NP_{dat+mask} \rightarrow D_{dat+mask}\ N$~~gen+mask~~ dat+mask
4. $NP_{akk+mask} \rightarrow D_{akk+mask}\ N_{akk+mask}$
5. $NP_{nom+fem} \rightarrow D_{nom+fem}\ N_{nom+fem}$

...

Darüber hinaus darf der Numerus nicht vergessen werden, *der Stuhl* besitzt eine andere morphologische Funktion als *die Stühle* – damit erhöht sich die Zahl der Kombinationen auf 24. Und wenn wir dann noch die definite von der indefiniten Flexion unterscheiden wollen, aufgrund derer *der alte Tisch* anders zu bilden ist als *ein alter Tisch*, obwohl Kasus, Numerus und Genus zusammenpassen...

Wesentlich sinnvoller wäre es, diesen Zusammenhang zwischen Determinativ und Nomen nicht durch Aufzählen, sondern systematisch auszudrücken: In einer Nominalphrase müssen Determinativ und Nomen hinsichtlich Kasus, Genus und Numerus identisch sein, und diese Merkmale gelten auch für die Nominalphrase als Ganzes. So etwas lässt sich tatsächlich ausdrücken – dazu müssen wir uns vergegenwärtigen, dass die verwendeten Kategorien lediglich durch einzelne Symbole wie NP, D und N repräsentiert werden.

Merkmale

Die Idee ist nun die, durch die Hinzunahme von Merkmalen komplexere Informationseinheiten zu schaffen, die den linguistischen Eigenschaften einer Kategorie in differenzierter Weise Rechnung tragen. Anstatt *der* lediglich als „D" zu bezeichnen, beschreiben wir dieses Wort durch seine Wortklassenkategorie, Kasus, Numerus und Genus:

(34) *der:*	(D	Kasus	nom
		Numerus	sg
		Genus	mask)

Dabei stehen die Kürzel „nom“ für Nominativ, „sg“ für Singular und „mask“ für Maskulinum. Die Kategorie der Nominalphrase beschreiben wir in ähnlicher Weise, wobei wir durch die Verwendung von Variablen zum Ausdruck bringen können, dass diese immer die Merkmal Kasus, Numerus und Genus trägt, selbst wenn wir nicht angeben können, wie diese konkret lauten:

(35)	(NP	Kasus	?k
		Numerus	?n
		Genus	?g)

Regeln mit Merkmalen

Die Variable „?k“ steht also für einen beliebigen Kasus und kann durch die Werte „nom“, „gen“, „dat“ oder „akk“ ausgeprägt werden. Durch eine solche Verwendung von Variablen ist es uns nun auch möglich, die NP-Regel mit Merkmalen zu präzisieren:

Regel 1:

(NP	Kasus	**?k**		(D	Kasus	**?k**	(N	Kasus	**?k**
	Numerus	**?n**	→		Numerus	**?n**		Numerus	**?n**
	Genus	**?g**)			Genus	**?g**)		Genus	**?g**)

Die Kongruenz in der Nominalphrase wird auf diese Weise in knapper Form beschrieben. Wenn diese Regel nun beim Parsing genutzt werden soll, müssen beim Wortabgleich – z.B. beim Auffinden des Artikels *der* – nicht nur die Wortkategorie, hier D, mit dem vorgefundenen Wort verglichen werden, sondern auch die drei in dieser Regel bei der Kategorie D erscheinenden Merkmalsvariablen mit den Werten des Lexikoneintrags für *der* in (34) belegt werden.

Auch zwischen NP und VP im Satz gibt es Kongruenz, die zu berücksichtigen ist: *ich sehe, du siehst, Hans sieht* usw. Hier liegt offensichtlich die Notwendigkeit vor, dass die NP und das Verb in der VP hinsichtlich Numerus und Person aufeinander abgestimmt sind. Für den Satz insgesamt spielt diese Zuordnung allerdings keine Rolle:

Regel 2:

S	→	(NP	Numerus	**?n**	(VP	Numerus	**?n**
			Person	**?p**)		Person	**?p**)

Die Kategorie der Person ist hier zum einen aus der VP übernommen, zum anderen aus der NP. Wir müssen also bei der NP noch ein viertes Merkmal ansetzen, um diese Anforderung zu erfüllen:

Regel 1':

(NP	Kasus	?k	→	(D	Kasus	?k	(N	Kasus	?k
	Numerus	?n			Numerus	?n		Numerus	?n
	Genus	?g			Genus ?	g)		Genus	?g)
	Person	**3**)							

Nominalphrasen, die aus Determinativ und Nomen zusammengesetzt sind, erscheinen zwangsläufig in der dritten Person – die erste (*ich*) und die zweite Person (*du*) können nur durch Pronominalphrasen gebildet werden. Hier wird auch deutlich, dass nicht in jeder Regel alle zur Verfügung stehenden Merkmal genutzt werden – in der Satz-Regel werden aus der NP nur Numerus und Person abgefragt.

In der Verbalphrase muss das Verb die richtige Form aufweisen, damit Numerus und Person mit der Subjekt-NP im Satz kongruieren können. Mit Hilfe der Merkmale können wir allerdings auch eine andere, noch wichtigere Eigenschaft von Verbalphrasen in den Griff bekommen, die dafür verantwortlich ist, dass (33b) und (c) ungrammatisch sind. Jedes Verb weist die Fähigkeit auf, eine bestimmte Anzahl und einen bestimmten Typ von Satzgliedern zu fordern. Diese Eigenschaft wird „Valenz" genannt. Das Verb *sehen* bindet beispielsweise durch seine Valenz eine Nominalphrase im Nominativ als das Subjekt und eine Nominalphrase im Akkusativ als das Akkusativ-Komplement. In den bisher verwendeten Regeln für die Verbalphrase spielte diese Eigenschaft von Verben keine Rolle. Wir wollen jetzt aber ein Merkmal „Valenz" beim Verb einführen, dessen Wert die Valenz beschreibt (dabei verzichten wir darauf, das Subjekt zu berücksichtigen, weil es in einer konstituenziellen Analyse einer Sonderbehandlung bedarf). Die weiteren Phrasen in der Grammatikregel weisen dann genau auf die angegebene Valenz abgestimmte Flexionseigenschaft auf. Hier sind zwei Regeln für VPs mit Akkusativ- und Dativ-Komplementen:

Valenz

Regel 3:

(VP	Numerus	?n	→	(V	Numerus	?n	(NP	Kasus	**akk**)
	Person	?p)			Person	?p			
					Valenz	**np-akk**)			

Regel 4:

(VP	Numerus	?n	→	(V	Numerus	?n	(NP	Kasus	**dat**)
	Person	?p)			Person	?p			
					Valenz	**np-dat**)			

Im Lexikon müssen dann bei den unterschiedlichen Verben die entsprechenden Valenzangaben eingetragen sein:

(36)	*sieht*:	(V	Numerus	sg
			Person	3
			Valenz	np-akk)

(37)	*hilft*:	(V	NUMERUS	sg
			PERSON	3
			VALENZ	np-dat)

Ähnlich wie in der Verbalphrase verhält es sich in der Präpositionalphrase. Auch eine Präposition fordert in der abhängigen Nominalphrase einen bestimmten Kasus; *wegen* z.B. den Genitiv. Viele Präpositionen können jedoch mit unterschiedlichem Kasus kombiniert werden, dabei ergibt sich dann ein Bedeutungsunterschied. Die PP *auf den Tisch* bezeichnet eine Richtung, *auf dem Tisch* hingegen einen Ort, und ähnliches ist bei vielen anderen Präpositionen zu beobachten. Deshalb bekommen Präpositionen die folgenden Merkmale in ihrem Lexikoneintrag zugeordnet:

(38)	*auf*:	(P	TYP	dir
			VALENZ	NP-akk)
(39)	*auf*:	(P	TYP	loc
			VALENZ	NP-dat)

Wir müssen also denjenigen Wörtern, bei denen es Varianten bei einzelnen Merkmalen gibt, jeweils gesonderte Lexikoneinträge zuordnen, so als ob es sich um zwei unterschiedliche Wörter handeln würde. Sehr elegant ist das nicht, aber es ist zumindest die einfachste Vorgehensweise. Die PP-Regel ist auf diese Einträge abgestimmt, indem mit der Präposition eine NP kombiniert wird, die genau die geforderte Eigenschaft aufweist:

Regel 5:

(PP	TYP	?t)	→	(P	TYP	?t	(NP	KASUS	**akk**)
					VALENZ	**NP-akk**)			

Regel 6:

(PP	TYP	?t)	→	(P	TYP	?t	(NP	KASUS	**dat**)
					VALENZ	**NP-dat**)			

Eine auf diese Weise gebildete Präpositionalphrase kann dann beispielsweise in einer Verbalphrase erscheinen, bei der durch die Verbvalenz in der PP ein ganz bestimmter Typ gefordert ist:

Regel 7:

(VP	NUMERUS	?n	→	(V	NUMERUS	?n	(NP	KASUS	**akk**)	(PP	TYP	**dir**)
	PERSON	?p)			PERSON	?p						
					VALENZ	**np-dat_pp-dir**)						

Ein Verb, das eine solche Valenz trägt, ist z.B. *legen*:

(40)	*legt*:	(V	NUMERUS	sg
			PERSON	3
			VALENZ	np-akk_pp-dir)

Man kann sich nun fragen, ob die bislang skizzierte Art der Regelformulierung die effektivste ist. Die beiden PP-Regeln oben unterscheiden sich nur durch die Valenzangabe, und diese ist genau auf den Kasus der NP abgestimmt. Man könnte deshalb auf die Idee kommen, Merkmalstrukturen ineinander zu verschachteln und dabei in der Valenzangabe eine Nominalphrase partiell zu beschreiben. Insbesondere wäre dann der Kasus der Nominalphrase durch eine Variable zu spezifizieren, die in der Nominalphrase, die nach der Präposition in der Regel erscheint, wieder aufgegriffen wird. Damit würden wir die folgende Regelformulierung erhalten:

Regel 8:

(PP	Typ	?t)	→	(P	Typ	?t	(NP	Kasus	**?k)**
					Valenz	**(NP Kasus ?k))**			

Unifikation

Dieses Prinzip der Verschachtelung partieller Merkmalstrukturen wird tatsächlich in einer ganzen Reihe von Grammatiktheorien angewandt und bildet ein wichtiges Prinzip der linguistischen Informationsverarbeitung. Es wird als „Unifikation" bezeichnet und erlaubt es, auf eine einfache Art und Weise die Informationen von Wörtern und Kategorien miteinander zu kombinieren und übergreifend zu verzahnen.

Parsing mit Merkmalen

Sehen wir uns nun an, wie durch Merkmale erweiterte Regeln beim Parsing eingesetzt werden können. Wenn eine solche Regeln zum Einsatz kommt, dann findet nicht lediglich ein Abgleich zweier Kategorien oder eines Wortes mit seiner lexikalischen Kategorie statt. Vielmehr sind zusätzlich die Merkmalsvariablen zu belegen oder abzugleichen. Ein weiteres Problem besteht darin, dass wir die konstituenzielle Struktur nicht mehr lediglich durch eine geeignete Klammerung und Indizierung der Kette ausdrücken können. Die Kategorien sind nun komplexe Gebilde, die nicht als simple Indizes einer Klammer verwendet werden können. Eine Konstituente, etwa die NP *das Buch*, soll deshalb in der folgenden Weise repräsentiert werden:

Merkmalstruktur für die NP *das Buch*:

(NP	**Form**	**„das Buch"**		
	Kasus	{nom, akk}		
	Numerus	sg		
	Genus	neutr		
	Person	3		
	Kon-1	(D	**Form**	**„das"**
			Kasus	{nom, akk}
			Numerus	sg
			Genus	mask)
	Kon-2	(N	**Form**	**„Buch"**
			Kasus	{nom, akk}
			Numerus	sg
			Genus	neutr))

Dabei treten die Sub-Konstituenten der NP, die D- und die N-Konstituente, durch spezielle „Konstituenten-Merkmale" – Kon-1 und Kon-2, bei Bedarf auch noch weitere – in die übergeordnete Merkmalstruktur ein. Außerdem tritt zu den durch die Grammatik- und Lexikon-Einträge festgelegten Merkmalen jeweils das Merkmal Form hinzu, das das Wort oder das Syntagma als Zeichenkette enthält.

Aufbau einer Merkmalstruktur

Um zu zeigen, wie eine solche Merkmalstruktur beim Parsing aufgebaut wird, nehmen wir nun an, dass sich der im vorangegangenen Kapitel beschriebene Chart-Parser an der Position 2 im Satz in einer Situation befindet, bei der durch eine Hypothese die Existenz einer NP vorhergesagt wird, und der Parser nun eine initiale NP-Hypothese zu bilden hat. Dazu steht ihm Regel 1' zur Verfügung, aus der er eine noch nicht durch konkrete Werte, eine noch nicht „instanziierte" Merkmalstruktur ableitet:

⟨2, 2,	(NP	**Form**	**?p1⊕?p2**		
		Kasus	?k		
		Numerus	?n		
		Genus	?g		
		Person	3		
	$	Kon-1	(D	**Form**	**?p1**
				Kasus	?k
				Numerus	?n
				Genus	?g)
		Kon-2	(N	**Form**	**?p2**
				Kasus	?k
				Numerus	?n
				Genus	?g))⟩

Da zu diesem Zeitpunkt noch nicht bekannt ist, welche Wortformen tatsächlich als D- und als N-Konstituente erscheinen, sind hier zwei verschiedene Variablen, ?p1 und ?p2, zu verwenden. Auf der Ebene der übergeordneten NP-Kategorie werden die in diesen beiden Variablen enthaltenen Wörter zu einem Syntagma verkettet, was durch den Verkettungsoperator „⊕" zum Ausdruck gebracht wird. Das Dollar-Zeichen kennzeichnet auch in einer solchen Struktur, an welcher Stelle sich der Parsing-Vorgang beim Aufbau dieser Hypothese befunden hat.

Wird nun das nächste Wort eingelesen, muss folgendes passieren. Der Lexikoneintrag des Wortes muss mit der Kategorie und den Merkmalen in der Hypothese abgeglichen werden. Das Wort *das* besitzt die Kategorie D, was also passt. Die Merkmale in der Hypothese sind alle mit Variablen belegt, weshalb hier auch kein Widerspruch auftritt. Stattdessen sind sie mit den Werten aus dem Lexikoneintrag zu belegen, und dieser Wert ist auch auf alle anderen gleichlautenden Variablen zu übertragen. Es ergibt sich die folgende partiell instanziierte Hypothese:

⟨2, 3, (NP	Form	**„das“⊕?p2**		
	Kasus	{nom, akk}		
	Numerus	sg		
	Genus	neutr		
	Person	3		
	Kon-1	(D	Form	**„das“**
			Kasus	**{nom, akk}**
			Numerus	**sg**
			Genus	**neutr**)
$	Kon-2	(N	Form	?p2
			Kasus	{nom, akk}
			Numerus	sg
			Genus	neutr))⟩

Wenn das nächste Wort *Buch* eingelesen wird, wird nicht nur die Kategorie dieses Wortes, N, überprüft, sondern auch alle bereits vorab belegten Merkmalswerte: Ist bei *Buch* als Kasus „nom“ oder „akk“ vermerkt, als Numerus „sg“ und als Genus „neutr“? Wenn all diese Kriterien erfüllt sind, kann das Wort *Buch* als Wert der Variable ?p2 im Form-Merkmal eingetragen werden, wodurch auf der Ebene der NP im Form-Merkmal „das Buch“ als Ergebnis der Verkettung von „das“ und „Buch“ entsteht: „das“⊕„Buch“ = „das Buch“. Damit ist der Aufbau einer neuen Konstituente abgeschlossen, diese kann in der Chart abgelegt werden:

⟨2, 4, (NP	Form	„das Buch“		
	Kasus	{nom, akk}		
	Numerus	sg		
	Genus	neutr		
	Person	3		
	Kon-1	(D	Form	„das“
			Kasus	{nom, akk}
			Numerus	sg
			Genus	neutr)
	Kon-2	(N	Form	„Buch“
			Kasus	{nom, akk}
			Numerus	sg
			Genus	neutr))⟩

Es soll hier darauf verzichtet, den Algorithmus für das Chart-Parsing komplett für Merkmalstrukturen zu revidieren. Stattdessen soll exemplarisch gezeigt werden, wie die Kombination von Hypothesen und Konstituenten und die Bildung initialer Hypothese auf Merkmalstrukturen formuliert werden kann:

Hypothesen und Konstituenten kombinieren:

Wenn eine Hypothese ⟨i, j, (X... $ Kon-m (Y ...) ...)⟩ und eine Konstituente ⟨j, k, (Y ...)⟩ in der Chart enthalten sind, dann nimm die Hypothese ⟨i, k, (X... Kon-m (Y ...) $...)⟩ in die Chart auf, wobei die Werte aller Merkmale der Konstituente in der neuen Hypothese Variablen instanziieren oder existierenden Belegungen der ursprünglichen Hypothese nicht widersprechen.

Initiale Hypothesen bilden:

Wenn eine Hypothese ⟨i, j, (X... $ Kon-k (Y ...) ...)⟩ in der Chart enthalten ist, dann nimm für alle Regeln (Y ...) → (Z_1...) ... (Z_n ...) der Grammatik eine Hypothese ⟨j, j, (X ... $ Kon-1 (Z_1 ...) ... Kon-n (Z_n ...))⟩ in die Chart auf.

Die Anpassung und Übertragung von Werten im Sinne der Unifikation bedarf dabei noch einer genaueren Beschreibung – dafür verweise ich auf die unten aufgeführte vertiefende Literatur.

5.2 TT-4: Attribute – Texte als textuelle Datenstrukturen

Wir haben im vorangegangenen Abschnitt gesehen, wie Merkmale in Grammatiken genutzt werden können, um Kategorien feiner zu modellieren. Bei der XML-basierten Repräsentation von Texten bilden die Elemente das Analogon zu den Kategorien, und auch hier gibt es die Möglichkeit, durch zusätzliche Informationen die Text-Modellierung zu verfeinern. In der XML-Terminologie werden die Merkmale als „Attribute" bezeichnet – wir werden uns jetzt ansehen, wie sie genutzt werden.

XML-Attribute

In unserer bisherigen Beispiel-Dokumentgrammatik war eine Deklaration enthalten, die die Angabe einer Seitenzahl zum Gegenstand hatte:

```
<!ELEMENT   Seite   (#PCDATA)>
```

Wird nun diese DTD in einem XML-Editor – ein Textverarbeitungsprogramm, das auf die strukturierte Darstellung von Texten in XML abgestimmt ist – zur Erstellung eines neuen Textes verwendet, dann kann als Inhalt des Elements „Seite" ein beliebiger Text eingegeben werden, da „PCDATA" keinen weitergehenden Einschränkungen unterliegt. Wesentlich sinnvoller wäre es stattdessen, nur Zahlen als Eingabe zuzulassen. Dieses kann durch die Definition eines Attributs geleistet werden:

```
<!ATTLIST          Seite
           Nr               NMTOKEN      #REQUIRED>
```

Diese Attributlisten-Deklaration bezieht sich auf das angegebene Element, danach werden der Name des Attributs, sein Typ und sein Verwendungsstatus angegeben. Der Typ „NMTOKEN“ gestattet die Eingabe von Zeichenfolgen, die aus Ziffern, Buchstaben und einigen Sonderzeichen bestehen, so dass auch Zeichenketten wie „2-3“ oder „34ff“ akzeptiert würden. Der Status-Wert „Required“ kennzeichnet das obligatorische Auftreten dieses Attributs, es muss also in einer Dokumentinstanz bei diesem Element zwingend mit einem Wert belegt sein.

leere Elemente

Was passiert nun mit dem Inhaltsmodell des Elements selbst? Dieses könnte weiterhin durch „PCDATA“ definiert sein, nur ergibt das in diesem Beispiel keinen Sinn. Deshalb wird von der Möglichkeit Gebrauch gemacht, das Inhaltsmodell als leer, „EMPTY“, zu deklarieren:

```
<!ELEMENT    Seite    EMPTY>
```

In der Dokumentinstanz besitzt ein solches Element nur ein einziges Tag, das durch einen Schrägstrich am Ende als ein leeres Element gekennzeichnet ist. Das Attribute „Nr“ erscheint innerhalb dieses Tags:

```
<Seite Nr="1"/>
```

Auf diese Weise ist es möglich, Informationen, deren Varianz eingeschränkt ist, stärker zu kontrollieren, als es durch Inhaltsmodelle von Elementen möglich ist.

Datentypen für Attribute

Neben „NMTOKEN“ gibt es einige andere Datentypen. Die wichtigsten sind „CDATA“, der für eine nicht näher eingeschränkte Zeichenkette steht, die allerdings keine Element-Tags enthalten darf und eine maximale Länge nicht überschreiten darf. CDATA ist beispielsweise dafür geeignet, Namen in Attributen anzugeben. Einfache Werte wie bei NMTOKEN können auch gebündelt werden, dann ergibt sich der Typ „NMTOKENS“. Und schließlich kann ein Attribut als ein eindeutiger Identifikator, Typ „ID“, definiert werden – dieses ist z.B. dann sinnvoll, wenn von einem Element auf eine bestimmte Person oder Institution verwiesen werden soll. In unserem Beispiel könnte das Kürzel „dpa“ für einen solchen Identifikator stehen, weil damit auf eine ganz bestimmte Nachrichtenagentur Bezug genommen wird. Der Bezug selbst wird mit dem Typ „IDREF“ zum Ausdruck gebracht. Als eine weitere Möglichkeit können verschiedene vorgegebene Werte als Liste angeboten werden, beispielsweise wenn ein geschlossener Kreis von Autoren benannt werden kann. Neben der obligatorischen Setzung von Attributen durch das Kennwort REQUIRED kann ein Attribut auch als optional gekennzeichnet werden, dann lautet das Kennwort „IMPLIED“. Die folgende DTD wandelt die in Abschnitt 3 entwickelte DTD an einigen Punkten ab, indem die Möglichkeiten der Attribut-Deklaration genutzt werden:

Dokumenttyp-Definition II:

```
<!ELEMENT     Meldung        (Titel, Anreisser?, Text, Verweis?,
                              (Agentur | Autor), Quelle)>
<!ATTLIST     Meldung
          id          ID              #REQUIRED
          Tag         NMTOKEN         #REQUIRED
          Monat       NMTOKEN         #REQUIRED
          Jahr        NMTOKEN         #REQUIRED>
<!ELEMENT     Titel          (#PCDATA)>
<!ELEMENT     Anreisser      (#PCDATA | Zitat | Hervorhebung )*>
<!ELEMENT     Zitat          (#PCDATA)>
<!ELEMENT     Hervorhebung   (#PCDATA)>
<!ELEMENT     Text           (Absatz+)>
<!ATTLIST     Text
          Ort         CDATA           #IMPLIED>
<!ELEMENT     Absatz         (#PCDATA | Zitat | Hervorhebung )*>
<!ELEMENT     Verweis        (#PCDATA)>
<!ELEMENT     Agentur        EMPTY>
<!ATTLIST     Agentur
          Name        IDREF           #REQUIRED>
<!ELEMENT     Autor          EMPTY>
<!ATTLIST     Autor
          Name        (HL|JK|SH)      #REQUIRED>
<!ELEMENT     Quelle         (Name, Seite)>
<!ELEMENT     Name           (#PCDATA)>
<!ELEMENT     Seite          EMPTY>
<!ATTLIST     Seite
          Nr          NMTOKEN         #REQUIRED>
```

Wird nun ein Dokument auf der Grundlage dieser DTD annotiert, entfernt man sich noch ein Stück weiter von dem Erscheinungsbild des Textes und modelliert ihn stattdessen als eine komplexe Informationsstruktur. Das Datum ist in eine Tages-, eine Monats- und eine Jahresangabe aufgespalten und erscheint direkt beim Element „Meldung", da dieses alle anderen Elemente umschließt und das Datum natürlich die ganze Meldung betrifft. Zusätzlich ist ein Identifikator-Element „id" integriert, das in der Darstellung des Textes normalerweise nicht erscheint, aber für die Organisation einer großen Anzahl von Meldungen unerlässlich ist. Die Ortsangabe wurde in das „Text"-Element integriert. Die Modellierung der „Agentur"-, „Autor-„ und „Seite"-Elemente wurde schon erwähnt.

Mit dieser Dokumentgrammatik kann die Meldung nun durch die Dokumentinstanz repräsentiert werden:

```
<Meldung id="sz27" Tag="07" Monat="04" Jahr="2009">
  <Titel>Merkels Reise verärgert Steinmeier</Titel>
  <Text Ort="Kundus">
    <Absatz>Außenminister Frank-Walter Steinmeier (SPD) ist irri-
    tiert über die Umstände der überraschenden Afghanistan-Reise von
    Kanzlerin Angela Merkel (CDU). Steinmeier habe <Zitat>mehr oder
    weniger durch Zufall</Zitat> von der Reise erfahren, sagte sein
    Sprecher. Nach SZ-Informationen erfuhr Steinmeier erst auf Nach-
    frage am Sonntag am Rande des EU-USA-Gipfels in Prag von der
    Reise. Im Auswärtigen Amt herrscht auch Verwunderung darüber,
    dass keine politischen Gespräche in Kabul geplant waren. Unmit-
    telbar nach der Visite in Kundus wurde das Feldlager mit zwei
    Raketen beschossen. Der Norden des Landes werde auch in den näch-
    sten Jahren die Präsenz der Bundeswehr brauchen, sagte Merkel.</
    Absatz>
  </Text>
  <Verweis>Seiten 4 und 5</Verweis>
  <Agentur Name="dpa"/>
  <Quelle>
    <Name>Süddeutsche Zeitung</Name>
    <Seite Nr="1"/>
   </Quelle>
</Meldung>
```

Durch die Verwendung von Attributen werden aus Texten textuelle Daten. Merkmale stellen Zusatzinformationen dar, die bei der Nutzung des Dokuments dessen Darstellung beeinflussen können. Außerdem bieten sie die Möglichkeit, bestimmte Arten von Daten, z.B. Datumsangaben, Zahlenwerte, Identifikatoren, in systematischer Form zu kodieren und auf diese Weise auch den Zugriff auf die Dokumente zu unterstützen.

XML-Editoren

Eine andere bereits kurz angesprochene Verwendungsweise von Dokumentgrammatiken ist die in XML-Editoren. Derartige Editoren erlauben es einem Autor, eine XML-Dokumentinstanz Schritt für Schritt zu erstellen, wobei ständig die Korrektheit der entstehenden Struktur anhand der DTD überprüft wird. Ein XML-Editor „leitet" den Autor also bei der Texterstellung, zwingt ihn, bestimmte obligatorische Elemente in die Struktur einzufügen und kontrolliert den Typ der Attribut-Werte, gegebenenfalls sogar durch eine als Menü dargestellte Auswahlliste. Sehen wir uns an, wie dieses im Einzelnen geschieht, indem wir verfolgen, wie ein Redakteur vorzugehen hätte, der die in den letzten Abschnitten betrachtete Meldung verfassen möchte.

Als erstes wird dem Autor das Dokument-Element präsentiert, dasjenige Element also, das in der DOCTYPE-Deklaration angegeben ist. In unserem Fall ist es das Element „Meldung". Dieses Element umfasst vier obligatorische Attribute, von denen das erste eingefügt und der Autor durch ein Prompt-Zeichen zur Eingabe eines Wertes aufgefordert wird:

```
<Meldung id=“■“></Meldung>
```

Ist dieses geschehen, erfolgt das gleiche mit den drei folgenden Attributen:

```
<Meldung id=“sz27“ Tag=“■“></Meldung>
<Meldung id=“sz27“ Tag=“07“ Monat=“■“></Meldung>
<Meldung id=“sz27“ Tag=“07“ Monat=“04“ Jahr=“■“></Meldung>
```

Nach der Eingabe des letzten Attributs „weiß“ der Editor aufgrund der Festlegungen in der DTD, dass als erstes eingebettetes Element innerhalb des „Meldung“-Elements das „Titel“-Element zu erscheinen hat:

```
<Meldung id=“sz27“ Tag=“07“ Monat=“04“ Jahr=“2009“>
   <Titel>■</Titel>
</Meldung>
```

Nach der Eingabe des Titel besteht die Möglichkeit, ein optionales „Anreisser“-Element in den Text aufzunehmen. Dazu präsentiert der Editor dieses Element und das in jedem Fall noch zu bearbeitende „Text“-Element in einem Auswahlmenü:

```
<Meldung id=“sz27“ Tag=“07“ Monat=“04“ Jahr=“2009“>
   <Titel>Merkels Reise verärgert Steinmeier</Titel>
   <Anreisser>
   <Text>
</Meldung>
```

Der Editor muss also während der Eingabe des Textes durch den Autor die entstehende Struktur ständig mit der DTD abgleichen und die verschiedenen Möglichkeiten, wie es weitergehen könnte, ermitteln. In diesem Fall wird das „Text“-Element gewählt, wobei sofort das optionale Attribut zur Bearbeitung angeboten wird:

```
<Me
ldung id=“sz27“ Tag=“07“ Monat=“04“ Jahr=“2009“>
   <Titel>Merkels Reise verärgert Steinmeier</Titel>
   <Text Ort>
      <Absatz>■</Absatz>
   </Text>
</Meldung>
```

Das Element „Absatz“ kann sofort in das „Text“-Element eingefügt werden, weil laut Element-Deklaration zwingend mindestens eines davon erscheinen muss. Nach Eingabe des Textes (hier verkürzt dargestellt), ist erneut eine Auswahl zu treffen:

```
<Meldung id="sz27" Tag="07" Monat="04" Jahr="2009">
  <Titel>Merkels Reise verärgert Steinmeier</Titel>
  <Text Ort="Kundus">
     <Absatz>...</Absatz>
     <Absatz>
     <Verweis>
  </Text>
</Meldung>
```

Nach diesem Prinzip werden nun alle weiteren Eingaben vorgenommen, solange bis der Autor keine Möglichkeit mehr hat, am Ende weitere Elemente oder Attribute einzufügen. Natürlich bleibt es ihm unbenommen, auch nachträglich gemäß der DTD vorgesehene Einheiten einzufügen, etwa ein Element vom Typ „Anreisser“ nach dem Titel. Um die strukturelle Korrektheit des Gesamtdokuments zu überprüfen, bietet ein XML-Editor die Möglichkeit, einen Validierungsprozess explizit anzustoßen.

5.3 Fazit, Aufgaben, Vertiefung

Fazit

Merkmale werden in einer Grammatik genutzt, um Kategorien linguistisch zu differenzieren. Grammatikregeln können auf Merkmalstrukturen erweitert werden, wobei Variablen eingesetzt werden, um Kongruenz- und Valenzbeziehungen auszudrücken. Beim Parsing können derartige Regeln nicht lediglich mit Wörtern oder Konstituenten abgeglichen werden, sondern es müssen zugleich die Besetzung von Variablen vorgenommen bzw. die Werte einzelner Merkmale verglichen werden.

Merkmale werden in Dokumentgrammatiken als Attribute bezeichnet. Sie können den Typ von Daten differenzierter angeben, als dieses durch den Datentyp PCDATA möglich ist. Leere Elemente besitzen kein Inhaltsmodell, sondern weisen in der Regel Attribute als ihren einzigen Inhalt auf. In einem XML-Editor wird eine Dokumentgrammatik dazu genutzt, dem Benutzer Schritt für Schritt die dem aktuellen Kontext entsprechenden strukturellen Entscheidungsmöglichkeiten anzubieten oder strukturell zwingend erforderliche Teilstrukturen selbständig aufzubauen.

CL-Aufgaben

1. Die Erweiterung von Grammatik I um Merkmale wurde im Abschnitt CL-6 nur für einige Regeln gezeigt. Es fehlen noch die folgenden Regeln:

2.	NP	→	D	A	N
3.	NP	→	EN		
4.	VP	→	V	PP	
5.	VP	→	V	NP	PP

   Erweitern Sie diese Regeln mit Merkmalen in der Weise, wie es für die anderen Regeln von Grammatik I beschrieben worden ist. Verwenden Sie die gleichen Attributbezeichnungen und Variablen.
2. Erstellen Sie die komplette Merkmalstruktur für den Satz „Der Mann sieht das Buch", ähnlich der für „das Buch". Sie sollte auf verschiedenen Ebenen die Merkmale KON-1, KON-2 usw. enthalten, um die komplette Konstituentenstruktur des Satzes in der Merkmalstruktur zu repräsentieren.

TT-Aufgaben

3. Arbeiten Sie die im Aufgabenteil zu Kapitel 3 in Aufgabe 5 erstellte Dokumentgrammatik für Wörterbuch-Einträge so um, dass überall dort, wo kein Freitext erscheinen kann, Attribute verwendet werden, etwa für die Angabe des Genus oder des Deklinationstyps. Bei welchen anderen Informationen ist die Verwendung von Attributen ebenfalls sinnvoll? Welche Wort-Informationen können gut mit leeren Elementen dargestellt werden? Testen Sie Ihre DTD mit dem DTD-Checker unter http://www.validome.org/grammar/.
4. Es gibt verschiedene kommerzielle XML-Editoren, in denen das beschriebene Prinzip der Dateneingabe praktisch umgesetzt wird. Diese Editoren kann man meistens für 30 Tage als Demo-Versionen mit vollem Funktionsumfang benutzen. Geeignete Editoren sind z.B. Oxygen (www.oxygenxml.com, Download unter http://www.oxygenxml.com/download_oxygenxml_editor.html), XML-Spy (www.altova.com, Download unter http://www.altova.com/de/produkte/xmlspy/xml_editor.html) oder XMetal (www.justsystems.com, Download unter http://na.justsystems.com/content-support-downloads). Ein kostenloser XML-Editor ist unter http://www.ltg.ed.ac.uk/~ht/xed.html zu finden. Installieren Sie einen dieser Editoren auf ihrem Rechner und finden Sie heraus, wie er funktioniert. Benutzen Sie dabei die in Aufgabe 3 erstellte DTD. Erstellen Sie eine gültige Dokumentinstanz mit den annotierten Beispiel-Einträgen für das Wörterbuch.

Vertiefung

Die Darstellung von Merkmalen in der Grammatik in diesem Kapitel ist teilweise angelehnt an Allen (1995). Wer sich mit unifikationsbasierten Grammatiktheorien näher befassen möchte, sei auf das das Buch von Müller (2007) verwiesen, der die *Head-driven Phrase Structure Grammar* auf das Deutsche anwendet. Eine gute, knappe Einführung in die formalen Eigenschaften von Merkmalen und Unifikation bieten auch Witt/Müller (2002) und Kolb (2004).

Attribute in XML werden in Lobin (2000, 19-36) näher beschrieben. Der neuere Standard für XML-Dokumentgrammatiken, XML Schema, erlaubt viel weitgehendere Spezifikation von Datentypen; es ist nützlich, sich die einführenden Materialien dazu beim W3C direkt anzusehen (http://www.w3.org/XML/Schema#usage).

6 Semantik und Transformation

6.0 Ziele und WarmUp

Wir Menschen verändern Sätze ständig: Wir übersetzen sie in eine andere Sprache, wir erläutern sie jemandem, der sie nicht versteht, wir überarbeiten sie aus stilistischen Gründen, wir kürzen oder ergänzen sie. Dabei orientieren wir uns entweder an ihrer grammatischen Struktur und kleiden diese an einzelnen Stellen aus, oder wir haben ein Verständnis von der Bedeutung des Satzes, und wählen für diese Bedeutung eine andere Einkleidung in Wörtern und grammatischen Strukturen. In diesem Kapitel wollen wir uns zunächst ansehen, wie man die Bedeutung von Sätzen überhaupt fassen kann, und dann, wie aus der grammatischen Struktur des Satzes die Bedeutung durch Regeln abgeleitet werden kann. Es soll also das, was wir als Menschen ständig, völlig automatisch und ohne Anstrengung machen, Schritt für Schritt rekonstruiert werden, damit die Bedeutung von Sätzen dem Computer zugänglich wird. Derartige Übersetzungsprozesse finden sich ebenfalls beim Umgang mit Dokumenten: Auch sie werden aus den unterschiedlichsten Gründen umgestellt, verkürzt oder mit anderen Tags versehen. Da wir sowohl Sätze als auch Dokumente als Bäume beschreiben können, sind die dabei angewendeten Verfahren einander sehr ähnlich – und damit wollen wir uns hier befassen.

Ziele

In diesem Kapitel werden wir

- die Logik als „Sprache der Bedeutung" kennen lernen,
- syntaktische Regeln um eine semantische Komponente ergänzen,
- uns ansehen, wie parallel zum Aufbau einer syntaktischen Struktur ein logischer Ausdruck entstehen kann,
- einen Eindruck von der Darstellungssprache von Web-Dokumenten, HTML, erhalten,
- uns die Transformationssprache für XML-Dokumente, XSLT, anhand eines Stylesheets ansehen und
- verstehen, wie der baumartige Aufbau von XML-Dokumenten entscheidend zur einfachen Formulierung von Transformationsprozessen beiträgt.

WarmUp

Was sagen Sie, wenn Sie jemandem die Bedeutung des Satzes *Die Katze sitzt auf dem Dach*, erklären wollen, der diesen Satz nicht versteht? Welche Möglichkeiten haben Sie überhaupt, um die Bedeutung dieses Satz zu beschreiben? Was ist überhaupt die Bedeutung eines Satzes?

6.1 CL-7: Semantik – Übersetzung in die Sprache der Bedeutung

Die grammatische Analyse von Sätzen bildet zwar einen wichtigen Bereich der Computerlinguistik und war historisch der erste, der wissenschaftlich ausgearbeitet wurde. Aber die Grammatikanalyse ist nicht für sich selbst genommen ein sinnvolles Ziel, sondern wird erst aus den Zielsetzungen sinnvoll, die mit der Verarbeitung einer grammatischen Struktur verbunden sind. Wir hatten im Einleitungsteil gesehen, in welchen Bereichen computerlinguistische Verfahren angewendet werden. In vielen davon ist es notwendig, die Bedeutung einer sprachlichen Äußerung verfügbar zu machen und ausgehend davon weitergehende Verarbeitungsschritte durchzuführen.

Bedeutung von Sätzen

Wie aber kann man die Bedeutung von Sätzen fassen? Anders als die Wörter in einem Satz und deren spezifische Kombination, die wir hören oder lesen können, ist uns die Bedeutung eines Satzes niemals direkt zugänglich. In einer Alltagssituation würde man sich einen Satz, den man nicht versteht, anders formulieren lassen oder nach einzelnen darin enthaltenen Wörtern fragen. Ein anderer Weg wäre es, sich den Satz in eine andere Sprache übersetzen zu lassen, die man besser versteht. In der wissenschaftlichen Semantik gibt es ebenfalls mehrere Möglichkeiten, die teilweise sogar philosophisch geprägt sind. Bei der maschinellen Verarbeitung von Sprache in der Computerlinguistik jedoch sind wir darauf angewiesen, dass sich die Bedeutung eines Satzes aus dem „Sichtbaren", den Wörtern und seiner grammatischen Struktur, in einem Verfahren ableiten lässt, bei dem unsere Intuition und das menschliche Verständnis von Bedeutung vollständig ausgeschaltet sind. Deshalb wird die Ermittlung einer Satzbedeutung in der Computerlinguistik als ein Übersetzungsprozess in eine „Sprache der Bedeutung" verstanden. Man kann das Problem der Sprachbedeutung darauf reduzieren, dass man die Sätze einer Sprache durch ein automatisierbares Verfahren in eine andere Sprache übersetzt, die die Bedeutung klarer zu erkennen gibt, als es in den natürlichen Sprachen der Fall ist.

Logik

Bei der Suche nach einer geeigneten „Sprache der Bedeutung" ist die Linguistik schon vor langer Zeit bei der Logik fündig geworden. Logische Ausdrücke können dafür genutzt werden, die Bedeutungsstruktur von Wörtern und Sätzen darzustellen. Allerdings ist auch die Logik eine Sprache, die eine Grammatik aufweist und eine Semantik, weshalb sich auch in dieser „Sprache der Bedeutung" wiederum ein ähnliches Bedeutungsproblem ergibt wie in einer natürlichen Sprache. Wir werden gleich sehen, wie dieses Problem gelöst wird.

Sehen wir uns zunächst die syntaktische Seite unserer logischen Bedeutungssprache an. Die Bedeutung des Satzes *Hans schläft* kann logisch folgendermaßen dargestellt werden:

(41) *schlafen(hans)*

Prädikate

„*schlafen*" wird hier als ein einstelliges Prädikat bezeichnet, das auf die (Individuen-)Konstante „*hans*" angewandt wird. Neben den einstelligen gibt es auch mehrstellige Prädikate wie z.B. das zweistellige *lieben* im Satz *Hans liebt Maria*:

(42) *lieben*(*hans, maria*)

Wenn wir die Bedeutung dieser beiden Sätze nicht komplett darstellen wollen, sondern nur die der jeweiligen Verben, haben wir ein Problem zu lösen. Wir müssen zum Ausdruck bringen, dass beispielsweise das Prädikat *schlafen* mit einer Individuenkonstante zu verbinden ist, ohne dass wir diese anführen dürfen. Was nicht ohne weiteres funktioniert, ist die Ersetzung der Konstante durch eine Variable. Der Ausdruck

(43) *schlafen*(x)

steht nämlich für *Jemand schläft* und nicht für die Bedeutung des Verbs *schlafen* als solches. Es muss also eine Art Platzhalter verwendet werden. Diesen könnte man z.B. so darstellen:

(44) *schlafen*(□)

Eine sehr gute und klare Darstellung ist das aber nicht, da wir mehrere Platzhalter, falls sie denn in einem Ausdruck wie *lieben* vorkommen müssten, nicht voneinander unterscheiden können. Deshalb ist die sogenannte Lambda-Notation entwickelt worden:

(45) λx.*schlafen*(x)

Das Zeichen „λ" ist der griechische Buchstabe Lambda und kennzeichnet hier eine Variable x, die im nachfolgenden Ausdruck eigentlich einen Platzhalter markiert. Auf diese Weise können wir deutlich machen, dass mit (45) tatsächlich das Prädikat *schlafen* gemeint ist, das noch mit einer Konstanten kombiniert werden muss, um die Repräsentation eines ganzen Satzes zu ergeben:

(46) λx.*schlafen*(x)(*hans*) ⇒ *schlafen*(*hans*)

Lambda-Notation

Die Lambda-Notation erlaubt es uns auch, aus einem zweistelligen Prädikat ein einstelliges zu machen. Den Ausdruck

(47) λy.*lieben*(*hans*, y)

könnte man umschreiben als „von Hans geliebt werden". Wenn dieser Ausdruck mit einer Konstanten kombiniert wird, ergibt sich daraus wiederum (42):

(48) λy.*lieben*(*hans*, y)(*maria*) ⇒ *lieben*(*hans, maria*)

Wie beschreiben nun die Logiker die Bedeutung solcher Prädikate? Die Grundidee besteht darin, Prädikate auf „mögliche Welten" abzubilden. Mögliche Welten bestehen aus Individuen wie z.B. Personen und Dingen, die zu Mengen gruppiert sind. Man kann nun eine künstliche Welt konstruieren, in der alle männlichen Personen zu einer Menge gruppiert sind – diese Menge können wir durch das Prädikat *mann* bezeichnen. Auch *schlafen* ist so eine

Menge: Sie enthält in einer ganz bestimmten möglichen Welt alle Lebewesen, die gerade schlafen. Für uns Menschen besteht die Bedeutung eines Prädikats allerdings nicht darin, alle diese schlafenden Personen zu kennen, sondern vielmehr, beurteilen zu können, ob eine logische Formel in der möglichen Welt, auf die sie sich bezieht, wahr ist oder nicht. Die Sätze der Logik machen also nicht direkt Aussagen über die Welt, sondern über mögliche Welten, und unsere Fähigkeit, solche Aussagen zu bewerten, wird durch Verfahren gewährleistet, diese Aussagen auf ihren Wahrheitsgehalt zu überprüfen. Ein solcher Ansatz wird „Modelltheoretische Semantik“ genannt.

Die Prädikatenlogik enthält also Prädikate (genauer: Prädikatkonstanten), Individuen (genauer: Individuenkonstanten) und Variablen für Individuen. Gibt es auch Variablen für Prädikate? Kann also so etwas wie

(49) λP.P(*hans*)

sinnvoll sein? Dieser Ausdruck steht offenbar für ein Prädikat zweiter Ordnung, also eine Menge, die alle Prädikate enthält, die auf Hans in einer bestimmten möglichen Welt zutreffen vielleicht, dass er schläft, dass er ein Mann ist, Deutscher, Nichtraucher usw. Kombinieren wir eines dieser Prädikate mit dem Ausdruck in (49) ergibt sich wieder ein vollständiger Satz:

(50) λP.P(*hans*)(*schlafen*) ⇒ *schlafen*(*hans*)

In der logischen Semantik wird ein solches Vorgehen tatsächlich für sinnvoll gehalten, da auf diese Weise auch abstrakte, unkonkrete und irreale Begriffe logisch erfasst werden können. Der Ausdruck (49) steht für alle Eigenschaften, die Hans zugeordnet werden können, und in ihrer Gesamtheit somit für Hans selbst. Wir können auf diese Weise über Hans „reden“, ohne direkt auf ihn verweisen zu müssen. Das wäre vielleicht bei einer realen Person kein besonders wichtiger Vorteil – nur verwenden wir in der Kommunikation ja oft auch abstrakte, hypothetische und irreale Größen wie „Demokratie“, „die Welt im Jahr 2100“ oder „Einhorn“, die ja auch irgendwie erfasst werden müssen.

Aussagenlogik

Prädikatausdrücke, ob mit Variablen oder Konstanten, können logisch miteinander kombiniert werden:

(51) *schlafen*(*hans*) ∧ *lachen*(*maria*)

Dieser logische Satz lässt sich umschreiben mit „Hans schläft und Maria lacht“. Das Zeichen in der Mitte steht für das logische Und; zwei damit verbundene Aussagen sind dann wahr, wenn jede einzelne Aussage wahr ist. Es gibt insgesamt vier zweistellige logische Konnektoren sowie den einstelligen Negator ‚¬‘, der die Wahrheit einer Aussage in ihr Gegenteil verkehrt.

Definition: *Logische Konnektoren*

$\neg A$	ist wahr, wenn A falsch ist („nicht A“, Negation)
$A \wedge B$	ist wahr, wenn A wahr ist und B wahr ist („A und B“, Konjunktion)
$A \vee B$	ist wahr, wenn A wahr ist oder B wahr ist („A oder B“, Disjunktion)
$A \rightarrow B$	ist wahr, wenn A falsch ist oder B wahr („Wenn A, dann B“, Implikation)
$A \leftrightarrow B$	ist wahr, wenn A und B gleichzeitig wahr oder falsch sind („A genau dann, wenn B“, Äquivalenz)

Andernfalls sind alle Ausdrücke falsch.

Der Bereich der Logik, in dem die Kombination von logischen Aussagen durch Konnektoren beschrieben wird, wird als „Aussagenlogik“ bezeichnet.

Quantoren

Ein letztes Element des formal-logischen Systems bilden die sogenannten Quantoren. Durch sie ist es möglich, auch über Individuen in unbestimmter Weise Aussagen zu treffen, so wie wir es auch in der natürlichen Sprache mit Pronomina wie *jemand, manche, alle* usw. machen. Ein Ausdruck wie

(52) ∃y.*lieben*(*hans*, y)

kann übersetzt werden als „es gibt ein Individuum y, für das gilt, dass Hans es liebt“. Der Existenzquantor ‚∃‘ wandelt also den Prädikatsausdruck *lieben*(*hans*, y) in einen vollständigen Satz um, der wahr oder falsch sein kann. Dabei muss sich die Quantifikation auf eine Variable beziehen, die nicht anderweitig gebunden ist – eine Variable kann nicht zweimal quantifiziert werden. Der Quantor verträgt sich deshalb auch nicht mit einer die gleiche Variable betreffenden Lambda-Kennzeichnung.

Neben dem Existenzquantor gibt es noch den Allquantor:

(53) ∀x.*lieben*(x, *maria*)

Dieser Satz kann folgendermaßen paraphrasiert werden: „Für alle Individuen x gilt, dass x Maria liebt.“ Der Wahrheitsgehalt solcher quantifizierter Ausdrücke hängt davon ab, mit welchen Individuen die Variablen schließlich belegt werden. Beim Existenzquantor muss es mindestens eine Belegung durch ein Individuum geben, mit der der Ausdruck wahr wird, beim Allquantor muss dieses für alle Belegungen gelten.

Definition: *Quantoren*

$\exists x.A$	ist wahr, wenn A eine freie Variable x enthält und es mindestens eine Belegung von x mit einer Konstanten gibt, so dass A wahr ist
$\forall x.A$	ist wahr, wenn A eine freie Variable x enthält und für alle Belegungen von x mit einer Konstanten A wahr ist.

Andernfalls sind die Ausdrücke falsch.

Wir haben uns nun einen kurzen Überblick über die Aussagen- und Prädikatenlogik verschafft, mit der man die Bedeutung von natürlichsprachlichen Phrasen und Sätzen darstellen kann. Diese Verbindung von Form und Bedeutung haben wir bislang durch unser menschliches Sprachverständnis vollzogen. Nun muss es darum gehen, wie die Bedeutung eines Satzes durch ein Verfahren ermittelt werden kann, bei dem auf die sprachliche Intuition verzichtet werden kann und ausschließlich durch Regeln geleitet die Bedeutung bestimmt wird. Aus einem Satz wie

(54) Hans liest ein Buch.

soll dadurch der logische Ausdruck

(55) $\exists x.(\mathit{buch}(x) \land (\mathit{lesen}(\mathit{hans}, x)))$

aufgebaut werden, also etwa: „Es gibt ein x, für das gilt, dass x ein Buch ist und dass dieses x von Hans gelesen wird". Dieses gilt als eine Standard-Umsetzung eines Satzes wie (54). Genau das sehen wir uns jetzt an.

Parallelisierung von Syntax und Semantik

Wie können wir dabei vorgehen? Wir können entweder den Satz in (54) zunächst vollständig syntaktisch analysieren – z.B. durch einen Chart-Parser – und dann die dadurch ermittelte Konstituentenstruktur in eine logische Form übersetzen. Ein einfacheres Verfahren besteht aber darin, bei jedem syntaktischen Analyseschritt zugleich auch einen logischen Konstruktionsschritt zu vollziehen. Wir parallelisieren also Syntax und Semantik, was wir ganz konkret Regel für Regel darstellen können:

	Grammatik	
Nr.	**Syntax**	**Semantik**
1.	S → NP VP	<S> → <NP>(<VP>)
2.	NP → D N	<NP> → <D>(<N>)
3.	NP → EN	<NP> → <EN>
4.	VP → V NP	<VP> → λx.<NP>(λy.<V>(x, y))

Wenn also etwa eine Nominalphrase NP aus einer Abfolge aus Determinativ D und Nomen N zusammengesetzt wird, dann kann die Bedeutung der NP (die Bedeutung der jeweiligen Elemente wird hier durch spitzen Klammern symbolisiert) zusammengesetzt werden als logischer Ausdruck „<D>(<N>)", bei dem also die logische Umsetzung der Kategorie D als Prädikat fungiert, die logische Umsetzung von N als Argument dieses Prädikats. Warum die semantischen Regeln genau so aufgebaut sein müssen, werden wir gleich an der Beispielableitung sehen.

Auch das Lexikon muss konsequenterweise in einen syntaktischen und einen semantischen Teil aufgespaltet werden:

	Lexikon	
Nr.	**Syntax**	**Semantik**
5.	EN → Hans	<EN> → $\lambda P.P(hans)$
6.	V → liest	<V> → *lesen*
7.	D → ein	<D> → $\lambda P.\lambda Q.\exists x.(P(x) \wedge (Q(x))$
8.	N → Buch	<N> → *buch*

Die semantische Umsetzung des Eigennamens in Regel 5 haben wir schon besprochen. Interessant ist hier die logische Formel, die als Bedeutung des kleinen Wörtchens *ein* erscheint. Der Artikel wirkt sich, wie wir im Beispiel sehen werden, auf die Bedeutungsstruktur des kompletten Satzes aus.

Wenn der Satz (52) nach den in den Kapiteln 3 und 4 dieses Buches dargestellten Methoden in seine Konstituentenstruktur zerlegt wird, ergibt sich als Ergebnis das folgende:

(56) $[[[\text{Hans}]_{EN}]_{NP}\ [[\text{liest}]_V\ [[\text{ein}]_D\ [\text{Buch}]_N]_{NP}]_{VP}]_S$

Jede der Grammatikregeln kommt dabei einmal zum Einsatz: Der Eigenname *Hans* wird durch Regel 3 in eine NP überführt, die Kombination des Determinativs *ein* und des Nomens *Buch* nach Regel 2 in eine NP. Zusammen mit dem Verb *liest* wird daraus durch Regel 4 eine VP gebildet. Die erste NP ergibt mit dieser VP aufgrund von Regel 1 die Satz-Kategorie S.

Für jede dieser syntaktischen Regelanwendungen haben wir jetzt aber auch eine korrespondierende Semantik-Regel festgelegt, die wir parallel dazu anzuwenden haben – natürlich dann bezogen auf die semantischen Erscheinungsweisen der Wörter. Die folgende Tabelle zeigt sämtliche Ableitungsschritte gleichzeitig auf der syntaktischen und auf der semantischen Seite:

Syntax	**Semantik**	**Regel**
$[\text{Hans}]_{EN}$ → $[[\text{Hans}]_{EN}]_{NP}$	$\lambda P.P(hans)$ → $\lambda P.P(hans)$ (1)	3
$[\text{ein}]_D + [\text{Buch}]_N$ → $[[\text{ein}]_D\ [\text{Buch}]_N]_{NP}$	$\lambda P.\lambda Q.\exists x.(P(x) \wedge (Q(x)) + buch$ → $\lambda P.\lambda Q.\exists x.(P(x) \wedge (Q(x))(buch)$ (2) ⇒ $\lambda Q.\exists x.(buch(x) \wedge (Q(x))$ (3)	2
$[\text{liest}]_V + [[\text{ein}]_D\ [\text{Buch}]_N]_{NP}$ → $[[\text{liest}]_V\ [[\text{ein}]_D\ [\text{Buch}]_N]_{NP}]_{VP}$	$\lambda Q.\exists x.(buch(x) \wedge (Q(x)) + lesen$ → $\lambda z.\lambda Q.\exists x.(buch(x) \wedge (Q(x))(\lambda y.lesen(z, y))$ (4) ⇒ $\lambda z.\exists x.(buch(x) \wedge (\lambda y.lesen(z, y))(x))$ (5) ⇒ $\lambda z.\exists x.(buch(x) \wedge (lesen(z, x)))$ (6)	4
$[[\text{Hans}]_{EN}]_{NP} + [[\text{liest}]_V\ [[\text{ein}]_D\ [\text{Buch}]_N]_{NP}]_{VP}$ → $[[[\text{Hans}]_{EN}]_{NP}\ [[\text{liest}]_V\ [[\text{ein}]_D\ [\text{Buch}]_N]_{NP}]_{VP}]_S$	$\lambda P.P(hans) + \lambda z.\exists x.(buch(x) \wedge (lesen(z, x)))$ → $\lambda P.P(hans)(\lambda z.\exists x.(buch(x) \wedge (lesen(z, x))))$ (7) ⇒ $\lambda z.\exists x.(buch(x) \wedge (lesen(z, x)))(hans)$ (8) ⇒ $\exists x.(buch(x) \wedge (lesen(hans, x)))$ (9)	1

Im Bereich der Semantik sind jeweils nach der eigentlichen Regelanwendung noch weitere Äquivalenzumformungen durchzuführen. Im Übergang von (2) nach (3) wird die Konstante *buch* an die Stelle des durch „λP“ gekennzeichneten Platzhalters P eingesetzt, woraufhin diese Lambda-Kennzeichnung wegfällt. Beim Schritt von (4) nach (5) geschieht ähnliches mit dem Ausdruck „λy.*lesen*(z, y)“, ein Prädikat, das in (5) an die Position des Platzhalters Q verschoben wird. Anschließend wird in (6) die Variable x für den Platzhalter y eingesetzt. Auch im Übergang von (7) nach (8) und von (8) nach (9) werden jeweils hinten angefügte Ausdrücke in Lambda-gekennzeichnete Platzhalterpositionen verschoben: in (8) der Ausdruck „λz.∃x.(*buch*(x) ∧ (*lesen*(z, x)))“ in die Position von P, in (9) „*hans*“ in die Position von z.

Strukturbäume

Die Parallelität der syntaktischen und semantischen Ableitungen lässt sich auch durch die jeweiligen Strukturbäume gut nachvollziehen. In diesem syntaktischen Ableitungsbaum sind jeweils nicht nur die Konstituentensymbole eingetragen, sondern die gesamte Konstituentenstruktur, die an der jeweiligen Stelle bereits aufgebaut ist:

Ableitungsbaum Syntax

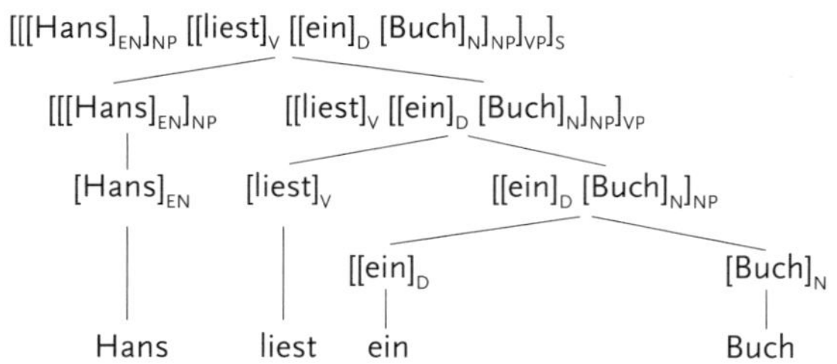

Jedem Knoten des syntaktischen Ableitungsbaums entspricht ein Knoten im semantischen Ableitungsbaum, den wir ebenfalls mit der bis dahin durch die jeweils untergeordneten Teile der aufgebauten logischen Struktur kennzeichnen können.

Ableitungsbaum Semantik

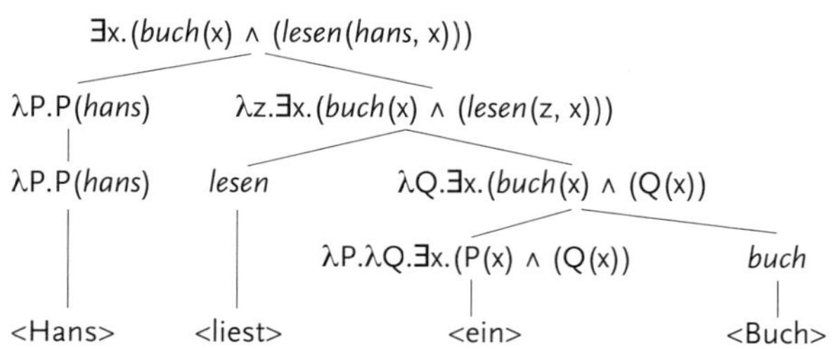

Diese beiden Strukturbäume machen deutlich, was mit dem *Kompositionalitätsprinzip* der Semantik gemeint ist. Dieses Prinzip ist bereits Ende des 19. Jahrhundert von dem deutschen Logiker Gottlob Frege formuliert werden, weshalb es auch als „Frege-Prinzip" bezeichnet wird. Es besagt, dass sich die Bedeutung eines Satzes aus der Bedeutung seiner Teile und der Art und Weise ihrer Verknüpfung ableiten lässt. Wie die Teile des Satzes miteinander zu verknüpfen sind, wird also durch den syntaktischen Ableitungsbaum beschrieben. Bei jedem Knoten sind auf der Seite der Semantik bestimmte Verknüpfungsoperationen durchzuführen, die oben parallel zu den Syntax-Regeln in der Grammatik als Semantik-Regeln festgelegt sind. Die Bedeutung des Satzes lässt sich so aus seinen Bestandteilen Schritt für Schritt berechnen – menschliche Intuition über Bedeutung wird dabei nicht mehr benötigt.

Kompositionalitätsprinzip

Man kann das Kompositionalitätsprinzip allerdings auch in Frage stellen. Ist man der Auffassung, dass jedes Wort in einem anderen Kontext auch seine Bedeutung leicht verändern kann, so ist dieses durch das starre Konstruktionsprinzip der Kompositionalität nicht ohne weiteres darstellbar. Besonders deutlich wird dieses bei Phraseologismen wie etwa im Satz *Hans liest ihm die Leviten*. Das Verb *liest* bezeichnet hier nicht das logische Prädikat *lesen*, sondern erhält zusammen mit *die Leviten* eine eigene Bedeutung, die sich nicht aus den einzelnen Wörtern ableiten lässt (etwa „jemanden ausschimpfen"). Die computerlinguistische Behandlung derartiger Phänomene ist allerdings noch nicht sehr gut ausgearbeitet, weshalb in diesem Abschnitt nur die kompositionale Sicht eingenommen worden ist.

6.2 TT-5: Transformation – von Baum zu Baum

Im Bereich der Texttechnologie stellt sich ein ganz ähnliches Problem wie in der Computerlinguistik: Haben wir ein nach allen Regeln der Kunst annotiertes Dokument vorliegen, so ist damit noch lange nicht der eigentliche Sinn der strukturierten Textannotation erfüllt. Man möchte ein annotiertes Dokument für irgendetwas nutzen, es auswerten oder darstellen, und das kann nur dadurch geschehen dass es in eine andere Erscheinungsform überführt wird. Möchten wir das Dokument beispielsweise dazu verwenden, es im Web zu publizieren, so muss es in die Beschreibungssprache für Web-Seiten transformiert werden. Sehen wir uns dazu unser bereits bekanntes Beispiel erneut an.

Dokumenttransformation

Wir hatten die Zeitungsmeldung nach inhaltlich-strukturellen Gesichtspunkten gegliederten, unabhängig davon, wie sie auf der Zeitungsseite oder im Web dargestellt wird:

Ausgangsdokument (Meldung-DTD)

```
<Meldung id="sz27" Tag="07" Monat="04" Jahr="2009">
  <Titel>Merkels Reise verärgert Steinmeier</Titel>
  <Text Ort="Kundus">
    <Absatz>Außenminister Frank-Walter Steinmeier (SPD) ist irritiert
    über die Umstände der überraschenden Afghanistan-Reise von Kanz-
    lerin Angela Merkel (CDU). Steinmeier habe <Zitat>mehr oder weni-
    ger durch Zufall</Zitat> von der Reise erfahren, sagte sein Spre-
    cher. Nach SZ-Informationen erfuhr Steinmeier erst auf Nachfrage
    am Sonntag am Rande des EU-USA-Gipfels in Prag von der Reise. Im
    Auswärtigen Amt herrscht auch Verwunderung darüber, dass keine
    politischen Gespräche in Kabul geplant waren. Unmittelbar nach der
    Visite in Kundus wurde das Feldlager mit zwei Raketen beschossen.
    Der Norden des Landes werde auch in den nächsten Jahren die Prä-
    senz der Bundeswehr brauchen, sagte Merkel.</Absatz>
  </Text>
  <Verweis>Seiten 4 und 5</Verweis>
  <Agentur Name="dpa"/>
  <Quelle>
    <Name>Süddeutsche Zeitung</Name>
    <Seite Nr="1"/>
  </Quelle>
</Meldung>
```

Alle Tags, die zu Dokumenttyp-Deklaration „Meldung" gehören, sind hier fett hervorgehoben.

Eine Annotation in der Webseiten-Beschreibungssprache HTML 4.01 (*Hypertext Markup Language*, Näheres dazu siehe Abschnitt 7.3, TT-6) sieht hingegen folgendermaßen aus:

Zieldokument (HTML)

```
<html>
  <head>
    <title>Zeitungsmeldung Nr. sz27</title>
    <meta name="keywords" content="HTML, Header"></meta>
    <meta http-equiv="content-type" content="text/html; charset=UTF-
    8"></meta>
  </head>
  <body>
    <h1>Merkels Reise verärgert Steinmeier</h1>
    <p><b>Kundus</b>, dpa</p>
    <p>Außenminister Frank-Walter Steinmeier (SPD) ist irritiert
    über die Umstände der überraschenden Afghanistan-Reise von
    Kanzlerin Angela Merkel (CDU). Steinmeier habe „mehr oder we-
    niger durch Zufall" von der Reise erfahren, sagte sein Sprecher.
    Nach SZ-Informationen erfuhr Steinmeier erst auf Nachfrage am
    Sonntag am Rande des EU-USA-Gipfels in Prag von der Reise. Im
    Auswärtigen Amt herrscht auch Verwunderung darüber, dass keine
```

```
        politischen Gespräche in Kabul geplant waren. Unmittelbar nach
        der Visite in Kundus wurde das Feldlager mit zwei Raketen be-
        schossen. Der Norden des Landes werde auch in den nächsten
        Jahren die Präsenz der Bundeswehr brauchen, sagte Merkel.</p>
        <p>Weiteres auf Seiten 4 und 5.</p>
        <p>(Quelle: <i>Süddeutsche Zeitung</i> vom 07.04.2009, Seite
        1)</p>
    </body>
</html>
```

Wird dieses Dokument in einer Datei gespeichert, so kann es von jedem Web-Browser unmittelbar angezeigt werden. Dabei ist der Text dann ungefähr in der folgenden Form zu sehen:

> **Merkels Reise verärgert Steinmeier**
> **Kundus**, dpa
> Außenminister Frank-Walter Steinmeier (SPD) ist irritiert über die Umstände der überraschenden Afghanistan-Reise von Kanzlerin Angela Merkel (CDU). Steinmeier habe „mehr oder weniger durch Zufall" von der Reise erfahren, sagte sein Sprecher. Nach SZ-Informationen erfuhr Steinmeier erst auf Nachfrage am Sonntag am Rande des EU-USA-Gipfels in Prag von der Reise. Im Auswärtigen Amt herrscht auch Verwunderung darüber, dass keine politischen Gespräche in Kabul geplant waren. Unmittelbar nach der Visite in Kundus wurde das Feldlager mit zwei Raketen beschossen. Der Norden des Landes werde auch in den nächsten Jahren die Präsenz der Bundeswehr brauchen, sagte Merkel.
> Weiteres auf Seiten 4 und 5.
> (Quelle: *Süddeutsche Zeitung* vom 07.04.2009, Seite 1)

Das Browser-Fenster selbst, in dem dieser Text erscheint, trägt den Titel „Zeitungsmeldung Nr. sz27".

Im HTML-Dokument sind ebenfalls alle Tags hervorgehoben, und man sieht deutlich, dass die Grundstruktur eines solchen Dokuments aus zwei Teilen besteht: einem „head"-Element und einem „body"-Element, die von einem „html"-Element zusammengefasst werden. Im „head"-Element finden sich einige allgemeine Informationen zum vorliegenden Dokument, etwa der Titel, Schlüsselwörter oder Angaben zur Kodierung des Inhalts und zum verwendeten Zeichensatz. Im „body"-Element findet sich der eigentliche Text: Das „h1"-Element kennzeichnet eine Überschrift erster Kategorie, das „p"-Element einen Absatz und die „b"- und „i"-Elemente bestimmte typografische Auszeichnungen, Fett- und Kursiv-Druck.

Transformation in eine andere Struktur

Es gibt aber nicht nur Unterschiede in der Bezeichnung der Tags, sondern auch hinsichtlich der Dokumentstruktur: Informationen des Ausgangsdokuments erscheinen in diesem Beispiel teilweise an einer anderen Stelle im HTML-Dokument. So steht die Angabe der Agentur, „dpa", zusammen mit der Ortsangabe schon nach der Überschrift, das Datum wandert aus den Attributen des „Meldung"-Elements am Anfang in die vorletzte Zeile. Darüber hinaus werden an manchen Stellen Textstücke oder Zeichenfolge ergänzt: Der Verweis auf die Seiten 4 und 5 wird eingeleitet durch „Weiteres auf", danach folgt ein Punkt. Die Quellenangabe wird explizit im Text durch „(Quelle: ...)" kenntlich gemacht. Eine weitere Abweichung wird im zentralen Text-Absatz erkennbar: Dort wird das „Zitat"-Element in ein Paar Anführungszeichen überführt – so, wie man es bei einem Zitat im Text auch erwartet.

Transformationssprachen

Diese Unterschiede zeigen, dass die Transformation eines XML-Dokuments sich also nicht darin erschöpfen darf, lediglich die Element-Namen auszutauschen. Vielmehr müssen auch strukturelle und typografische Veränderungen vorgenommen werden können. Eine solche Transformation kann man mit jeder beliebigen Programmiersprache realisieren. Ein einfacher Weg besteht darin, eine Programmiersprache zu wählen, die mit der Struktur von XML-Dokumenten in besonderer Weise harmoniert. Auch davon gibt es mehrere. Am einfachsten jedoch wäre es, keine Programmprozedur zu entwickeln, sondern deklarativ zu beschreiben, wie die Element des Ausgangsdokuments in die des Zieldokuments übertragen werden sollen. Genau dafür ist die *Extensible Stylesheet Language Transformations* (XSLT) entwickelt worden, die seit 2007 in der Version 2.0 vorliegt. Besonders interessant an XSLT ist es, dass in dieser Sprache geschriebene Transformationsprogramme selbst in XML kodiert werden, weshalb sie auch als „Stylesheets" bezeichnet werden. Selbstverständlich wird XSLT durch eine Dokumentgrammatik definiert, in der alle möglichen Arten von Transformationen in Form von XML-Elementen festgelegt sind. Benutzt man also XSLT, dann wird ein XML-Dokument dafür genutzt, um die Transformation eines XML-Dokuments in ein anderes XML-Dokument zu beschreiben. Die Anwendung eines XSLT-Stylesheets erfolgt durch einen XSLT-Prozessor. Die folgende Abbildung stellt den Zusammenhang zwischen den verschiedenen Arten von Dokumenten grafisch dar.

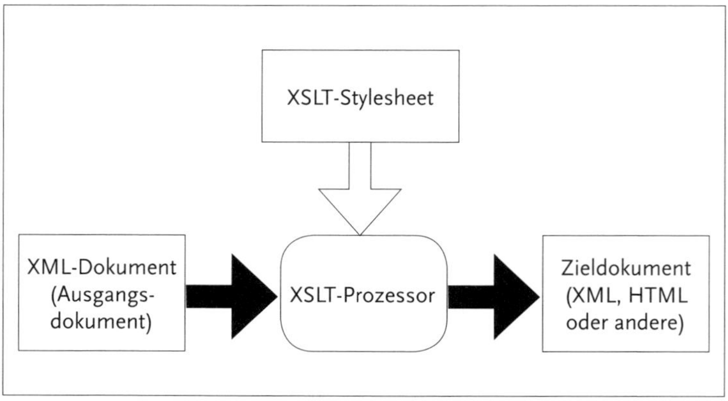

Das Format des Zieldokuments kann XML sein, aber auch andere Formate sind möglich; HTML selbst folgt, da es schon älter ist als XML, nicht in allen Punkten dem XML-Standard. Im Prinzip kann sogar jedes beliebige Ausgabeformat erzeugt werden, wir betrachten hier aber nur XML als Ausgabeformat und verwenden auch HTML in XML-konformer Weise.

XSLT-Stylesheet

Sehen wir uns ein konkretes Beispiel an. Das folgende XSLT-2.0-Stylesheet transformiert Dokumente, die aufgrund unserer Meldung-DTD erstellt sind, also auch die Meldung „Merkels Reise verärgert Steinmeier" oben, in ein HTML-Dokument:

```
<xsl:stylesheet version="2.0"
 xmlns:xsl="http://www.w3.org/1999/XSL/Transform">

<xsl:template match="/">
 <html>
   <head>
       <title>Zeitungsmeldung Nr. <xsl: value-of
       select="Meldung/@id"/></title>
       <meta name="keywords" content="HTML, Header"></meta>
       <meta http-equiv="content-type" content="text/html;
       charset=UTF-8"></meta>
   </head>
   <body>
         <h1><xsl:value-of select="Meldung/Titel"/></h1>
         <p>
           <b><xsl:value-of select="Meldung/Text/@Ort"/></b>,
              <xsl:value-of select="Meldung/Agentur/@Name"/>
         </p>
     <xsl:apply-templates select="Meldung/Text/Absatz"/>
     <p>Weiteres auf <xsl:value-of
        select="Meldung/Verweis"/>.</p>
     <p>
         (Quelle: <i>
         <xsl:value-of select="Meldung/Quelle/Name"/></i> vom
         <xsl:value-of select="Meldung/@Tag"/>.
         <xsl:value-of select="Meldung/@Monat"/>.
         <xsl:value-of select="Meldung/@Jahr"/>, Seite
         <xsl:value-of select="Meldung/Quelle/Seite/@Nr"/>)
     </p>
   </body>
 </html>
</xsl:template>

<xsl:template match="Absatz">
    <p>
       <xsl:value-of>
       <xsl:apply-templates/>
       </xsl:value-of>
```

```
37     </p>
38 </xsl:template>

39 <xsl:template match="Zitat">
40     <xsl:text>"</xsl:text><xsl:value-of
41      select="."/><xsl:text>"</xsl:text>
42 </xsl:template>

43 </xsl:stylesheet>
```

In diesem Dokument sind alle Elemente, die zu XSLT gehören, fett hervorgehoben. Alle anderen sind Elemente, die ins Zieldokument des Transformationsprozesses einfließen, also HTML-Elemente. Die XSLT-Elemente werden alle durch das sog. Namespace-Präfix „xsl:" eingeleitet, damit man sie klar von den im Zieldokument auszugebenden Elementen unterscheiden kann. Der „Namespace" wird in Zeile 2 des Dokuments als Attribut des „stylesheet"-Elements definiert.

„Template"-Elemente

Dieses Element beinhaltet eine Sequenz von insgesamt drei „template"-Elementen. Das erste, das sich von Zeile 3 bis zur Zeile 31 erstreckt, baut das Grundgerüst des Zieldokuments auf, beinhaltet also die Grundstruktur eines jeden HTML-Dokuments. Alle drei „template"-Elemente besitzen ein Attribut „match", dessen Wert denjenigen Teil des Ausgangsdokuments angibt, auf den dieses Template angewendet werden kann (Zeilen 3, 32 und 39). Das in Zeile 3 beginnende Template bezieht sich mit der Angabe „/" auf das Wurzelelement des Ausgangsdokuments, also auf das Dokument als Ganzes. Da die Transformation immer mit dem Wurzelelement beginnt, findet dieses Template bei jedem Transformationsprozess Anwendung. Das „template"-Element in Zeile 32 ist für die „Absatz"-Elemente im Ausgangsdokument zuständig, das Template in Zeile 39 für „Zitat"-Elemente.

Innerhalb des ersten „template"-Elements wird die Grundstruktur des HTML-Dokuments aufgebaut. Im „Title"-Element in Zeile 6 bis 7 wird dabei der Identifikator der transformierten Meldung eingesetzt, der im Ausgangsdokument im „id"-Attribut des „Meldung"-Elements bestimmt wird. Dies geschieht mittels des Elements „xsl:value-of", bei dem als Wert des Attributs „select" in Zeile 7 ein sogenannter XPath-Ausdruck erscheint. XPath ist wie XSLT ein Standard der XML-Familie, der die Aufgabe hat, Ausdrücke zu beschreiben, durch die bestimmte Teile eines XML-Dokuments ausgewählt werden können. Im Ausdruck „Meldung/@id" wird das Element „Meldung" des Ausgangsdokument angesteuert und dort der Wert des Attributs – dieses wird durch das Zeichen „@" angegeben – „id" ausgewählt. Eingebettete Elemente werden in solchen Ausdrücken durch Schrägstriche markiert – „Meldung/Text/Absatz" in Zeile 18 wählt beispielsweise das in die Elemente „Meldung“ und „Text“ eingebettete „Absatz“-Element aus. Durch das XSLT-Element „xsl:value-of“ kann also gezielt ein Teil des Ausgangsdokuments „ausgeschnitten“ und an eine beliebige Stelle des Zieldokuments eingesetzt werden.

In den Zeilen 34 bis 36 wird dieses Prinzip leicht variiert: Dort enthält das „xsl:value-of“-Element kein Attribut, sondern umschließt ein anderes XSLT-Element. Durch „xsl:apply-templates“ wird veranlasst, dass beim aktuell betrachteten Element im Dokument, hier das Element „Absatz“, sämtlicher Inhalt ausgegeben wird und dabei alle anwendbaren Templates ausgeführt werden. Da innerhalb des Absatz-Textes noch ein „Zitat“-Element erscheint, wird durch „xsl:apply-templates“ auch das dafür zuständige Template (Zeile 39-42) zur Anwendung gebracht.

Im „Zitat“-Template finden wir ein weiteres XSLT-Element: „xsl:text“. Dieses Element umschließt Textstücke, die in die Ausgabe fließen sollen, aber „Missverständnisse“ im XML-Dokument auslösen könnten. Anführungszeichen sind in XML-Dokumenten ja eigentlich reserviert zur Kennzeichnung von Attribut-Werten; durch die Verwendung des „xsl:text“-Elements wird deshalb klar zum Ausdruck gebracht, dass es sich um ein Textstück handelt, das nur für das Ziel-Dokument gedacht ist.

Fassen wir zusammen, was wir aus diesem Beispiel-Stylesteet für Erkenntnisse über XSLT-Elemente gewonnen haben:

Wichtige XSLT-Elemente

- **xsl:stylesheet**
  - Zweck: gibt als Wurzelelement an, dass das Dokument ein XSLT-Stylesheet ist
  - Attribut: xmlns:xsl
  - Wert: Web-Adresse, die auf den XSLT-Standard verweist
- **xsl:template**
  - Zweck: gibt an, wie bestimmte Teile des Ausgangsdokuments transformiert werden sollen
  - Attribut: match
  - Wert: XPath-Ausdruck
- **xsl:value-of**
  - Zweck: wählt bestimmte Teile des Ausgangsdokuments aus, um sie ins Zieldokument ggf. an anderer Stelle einzusetzen
  - mögliches Attribut: select
  - Wert: XPath-Ausdruck
- **xsl:apply-templates**
  - Zweck: weist den XSLT-Prozessor an, den an der aktuellen Stelle im Ausgangsdokument eingebetteten Dokument-Inhalt mit geeigneten Templates weiterzuverarbeiten. Text wird unverändert ins Ziel-Dokument überführt
  - mögliches Attribut: select
  - Wert: XPath-Ausdruck
- **xsl:text**
  - Zweck: setzt eine Zeichenfolge ins Ziel-Dokument ein.

Die Verwendungsweise dieser Elemente kann hier selbstverständlich nicht vollständig beschrieben werden, selbstverständlich gibt es weitere Attribute und weitergehende Verwendungsweisen. Neben diesen gibt es auch noch einige andere XSLT-Elemente, mit denen beispielsweise bedingte Verzweigungen im Stylesheet realisiert oder algebraische Berechnungen durchgeführt werden können. XSLT besitzt in formaler Hinsicht die gleiche „Mächtigkeit" wie eine allgemeine Programmiersprache, auch wenn es auf die Bearbeitung von XML-Dokumenten optimiert ist.

XSLT zeigt deutlich, wie nützlich es ist, Text-Dokumente als Bäume zu strukturieren. Auf diese Weise ist eine einfache „Orientierung" möglich, wie sie bei den „match"- und „select"-Attributen benötigt wird. Weil das Dokument nicht als eine lange Kette von Wörtern verstanden wird, sondern als ein baumartig strukturiertes Gebilde, in dem es Zweige gibt, die wiederum hierarchisch in kleinere Zweige aufgeteilt sind, kann man Strukturmuster, Templates, formulieren, die für bestimmte Konfigurationen in so einem Dokumentbaum zuständig sind. Auf diese Weise werden in dem Transformations-Stylesheet eher die „Rahmenbedingungen" beschrieben, wie der Prozessor beim Transformationsprozess vorzugehen hat, und nicht etwa, wie die Transformation Schritt für Schritt zu erfolgen hat. Anstatt des „prozeduralen" Programmierens einer Transformation wird der Transformationsprozess mit XSLT „deklarativ" beschrieben, was wesentlich einfacher ist.

6.3 Fazit, Aufgaben, Vertiefung

Fazit

Da sich die Bedeutung von sprachlichen Ausdrücken nicht direkt erfassen lässt, muss sie in geeigneter Weise indirekt repräsentiert werden. Ein gutes Mittel dafür bildet die Prädikatenlogik, bei der Aussagen durch die Kombination von Prädikaten und ihren Argumenten, Variablen und Konstanten sowie Konnektoren und Quantoren gebildet werden. Bei der Überführung eines Satzes in einen Ausdruck der Prädikatenlogik können wir das Kompositionalitätsprinzip anwenden. Es besagt, dass jedem Konstruktions- bzw. Analyseschritt auf Seiten der Syntax einer auf Seiten der Semantik entspricht. Damit wird es möglich, Bedeutungen zu „berechnen", also mit einem klaren wissenschaftlichen Verfahren aus der Sphäre der Phänomene (dessen, was man sinnlich wahrnehmen kann wie einen Satz in der Sprache) in die Sphäre der Bedeutungen, der geistigen Konzepte zu gelangen, ohne dass dabei die menschliche Intuition zu Hilfe genommen werden müsste.

Ein ähnliches Problem ist in der Texttechnologie zu lösen: Nicht immer entspricht die annotierte Struktur dem Format, das man für die weitere Verwendung des Dokuments benötigt, weshalb eine strukturelle Transformation vorgenommen werden muss. Für derartige Strukturtransformationen steht die auf XML abgestimmte Skript-Programmiersprache XSLT zur Verfügung. Mit XSLT kann auf bestimmte strukturelle Konfigurationen im Ausgangsdokument zugegriffen und festgelegt werden, wie diese im Zieldokument umgesetzt werden sollen.

CL-Aufgaben

1 Überführen Sie die folgenden Beispielsätze in ihre logische Form:
   a. Das Buch liegt auf dem Tisch.
   b. Das große Buch liegt auf dem grünen Tisch.
   c. Hans sieht das Buch.
   d. Hans sieht den grünen Tisch.
   e. Hans legt das Buch auf den Tisch

   Versuchen Sie die Bedeutung dieser Sätze anhand von Quantoren und der Kombination mehrerer einzelner Aussagen durch logische Konnektoren möglichst genau zu erfassen. Bilden Sie jeweils eine Paraphrase der logischen Ausdrücke in natürlicher Sprache.
2. Zeichnen Sie für drei der erstellten logischen Ausdrücke die jeweiligen semantischen Ableitungsbäume.

TT-Aufgaben

3. Befassen Sie sich intensiver mit HTML, am besten in der Version HTML 4.01 oder XHTML. Sie können dazu auf die Seite http://de.selfhtml.org zurückgreifen, die eine gute Einführung in diese und andere Technologien des Web bietet und deren Möglichkeiten systematisch dokumentiert. Erstellen Sie ein HTML-Dokument, das die beispielhaften Wörterbuch-Einträge möglichst genau in der Gestalt erscheinen lässt, wie sie im Aufgabenteil von Kapitel 3 wiedergegeben sind.
4. Erstellen Sie ein XSLT-Stylesheet, das die im Aufgabenteil von Kapitel 5 entwickelte Dokumentinstanz mit Attributen in ein HTML-Dokument überführt. Sie können sich dabei an dem XSLT-Stylesheet, das in TT-5 erläutert wird, orientieren. Eine gute Dokumentation von XSLT findet sich unter http://www.zvon.org/xxl/XSLTreference/Output/index.html, auf der Seite XPath-Test: http://www.zvon.org:9001/saxon/cgi-bin/XLab/XML/addressbook.html?stylesheetFile=XSLT/xpath.xslt&lang=eng können Sie XPath-Ausdrücke eingeben und überprüfen, ob sie auch die Teile des Dokuments auswählen, die gemeint sind.
   Die Überführung des XML-Dokuments nach HTML anhand des von Ihnen entwickelten Stylesheets können Sie von der XSLT-Engine Saxon durchführen lassen, die kostenlos unter http://sa-

xon.sourceforge.net/#F9.1SA erhältlich ist (Version Saxon-B 9.1, „.NET“ für Windows-Download). Dieses ist ein Programm, das man auf seinem Rechner installieren und unter Windows über die Eingabeaufforderung aufrufen kann. In der mitgelieferten Dokumentation (Unterverzeichnis „doc“) oder unter http://www.saxonica.com/documentation/ wird erläutert, wie man dieses im Einzelnen machen muss.

Vertiefung

Eine knappe Einleitung in die verschiedenen Aspekte der linguistischen Semantik bieten Schumacher/Steiner (2002). Die klassische Einführung in die formale Semantik ist Dowty *et al.* (1981). Schiehlen/Klabunde (2004) berücksichtigen auch textbezogene Theorien wie etwa die Diskursrepräsentationstheorie.

Eine brauchbare und sehr ausführliche Einführung in XSLT 2.0 bietet Bongers (2008). Eine sehr gute und beliebte Online-Quelle für HTML ist http://de.selfhtml.org/.

7 Ressourcen und Standards

7.0 Ziele und WarmUp

Wenn man heute computerlinguistische Anwendungen entwickelt, kann man glücklicherweise auf umfangreiche Vorarbeiten und Materialien zurückgreifen. Für nahezu jede größere Sprache der Welt gibt es Ressourcen, die einem die eigene Arbeit erleichtern können. Allerdings kommt es trotzdem oft vor, dass man nicht genau das findet, was man sucht, weshalb viele Computerlinguisten sich auch mit der Entwicklung von computerlinguistischen Ressourcen befassen. Auch im Bereich der Texttechnologie liegen standardisierte Dokumentgrammatiken vor, die viele, wenn auch nicht alle Wünsche zu erfüllen vermögen. In diesem Kapitel geht es um die verschiedenen Arten von Ressourcen, auf die man in Computerlinguistik und Texttechnologie zurückgreifen kann. Bei der Entwicklung und Verwaltung computerlinguistischer Korpora wird es besonders interessant, wenn weitergehende linguistische Informationen integriert werden. Wir werden uns deshalb insbesondere ansehen, wie texttechnologische Methoden genutzt werden können, um dies zu bewerkstelligen. Im Bereich der Texttechnologie sehen wir uns eine standardisierte Dokumentgrammatik an, die für geisteswissenschaftliche Zwecke entwickelt worden ist und heute ein zentraler Bezugspunkt ist für Kodierungs- und Annotationsarbeiten im Bereich der geisteswissenschaftlichen Informationsverarbeitung.

Ziele

In diesem Kapitel werden wir

- erfahren, was linguistische Ressourcen überhaupt sind,
- einige Online-Sprachressourcen für das Deutsche kennen lernen,
- die Anforderungen an maschinenlesbare Ressourcen betrachten,
- einfache syntaktische Annotationen für Baumbanken Schritt für Schritt entwickeln,
- verstehen, was „Stand-Off-Annotation“ ist,
- die Standards der XML-Familie kennen lernen und
- anhand von Beispielen die TEI-Richtlinien betrachten.

WarmUp

Was für Ressourcen ziehen Sie selbst heran, wenn Sie ein sprachliches Problem lösen wollen? Was sind Ihre Ansprüche an derartige Ressourcen? Welchen Nutzen können Sie beim Erlernen einer Fremdsprache daraus ziehen, dass Sie sich einen Text in dieser Sprache ganz genau ansehen?

7.1 CL-8: Computerlinguistische Ressourcen – Niemand muss bei Null anfangen

Im Bereich der Linguistik kann man zwei verschiedene Arten von Ressourcen unterscheiden: die *allgemeinen Sprachressourcen* und spezielle *computerlinguistische Ressourcen*. Zu den allgemeinen Sprachressourcen gehören vor allem

- *Korpora*, das heißt Textsammlungen, die nach bestimmten Kriterien zusammengestellt sind,
- *Wörterbücher*, also Datenbanken mit Informationen zu einzelnen Wörtern, und
- *Grammatiken*.

Korpora

Es gibt ganz unterschiedliche Arten von *Korpora*. Sehr verbreitet in der linguistischen Arbeit sind mittlerweile Textkorpora, die entweder originär schriftsprachliche Texte enthalten oder aus der gesprochenen Sprache transkribierte. Die Auswahl der Texte in Korpora kann nach linguistischen Gesichtspunkten erfolgen – z.B. Texte aus bestimmten historischen Epochen, aus bestimmten geografischen Regionen, Texte bestimmter Textsorten usw. – oder nach sachlichen Gesichtspunkten, etwa sämtliche Ausgaben einer bestimmten Tageszeitung, Texte aus dem Bereich der Wirtschaft oder alle Zeitungstexte, die an einem bestimmten Tag publiziert worden sind. Je nachdem, wie die Auswahl der Texte im Korpus erfolgt, sind auch die Verallgemeinerungen zu bewerten, die daraus abgeleitet werden. Wird beispielsweise in dem Korpus einer Tageszeitung eine bestimmte grammatische Konstruktion besonders häufig vorgefunden, dann muss dieses nicht zwangsläufig etwas damit zu tun haben, dass diese Konstruktion auf einmal breiten Einzug in die deutsche Sprache erhalten hat, sondern dass vielleicht ein bestimmter Redakteur diese Konstruktion unbewusst besonders häufig verwendet. Besonders schwierig ist es deshalb, ein repräsentatives Korpus für die deutsche Sprache zu bilden. Dafür muss sehr genau abgewogen werden, was für Textsorten in das Korpus aufgenommen werden sollen, aus welchen Jahren und mit welcher räumlichen Verteilung. In guten Korpora werden derartige Auswahlentscheidungen sehr genau dokumentiert, und jeder einzelne Text im Korpus verfügt über Metadaten, in denen die Quelle und relevante linguistische Faktoren detailliert aufgeführt sind.

Wenn Korpora für allgemein-linguistische Zwecke verwendet werden, so ist darin im Normalfall nur „nackter Text“ enthalten, der keinerlei Annotationen zu Wortarten, grammatischen Strukturen oder sonstigen linguistischen Informationen enthält. Will ein Linguist ein solches Korpus nutzen, so sucht er im einfachsten Fall Belegstellen für bestimmte Wörter, kann aber auch anhand von „Abfragesprachen“ kompliziertere Abfragen formulieren: „Zeige mir alle Belegstellen des Wortes *wegen*, bei denen dahinter das Wort *dem* erscheint.“ Die Ergebnisse derartiger Suchprozesse werden meistens im sogenannten KWIC-Format (KWIC = „Key word in context") angezeigt, bei dem das Suchwort in einem „Textfenster" erscheint, das auch noch eine bestimmte Anzahl von Wörtern davor und danach umfasst.

Neben der Suche nach Belegstellen können in Korpora selbstverständlich auch statistische Analyse vorgenommen werden, für die es mathematisch keine Grenzen gibt. Einfache statistische Analysen beziehen sich beispielsweise auf Worthäufigkeiten und deren Verteilung in unterschiedlichen Texten oder auf Wahrscheinlichkeiten, nach denen ein bestimmtes Wort im Kontext eines anderen vorhergesagt werden kann (die sogenannten ‚Kookkurrenzen'). Statistische Analysen sind für Grammatiker und Lexikographen ein wichtiges Hilfsmittel, wenn es darum geht, typische Erscheinungsformen in der Sprache von weniger typischen zu unterscheiden.

Einige Online-Sprachressourcen für das Deutsche

Korpora
- COSMAS-II (http://www.ids-mannheim.de/cosmas2/) – System für den Zugriff auf das 3,6 Mrd. Wörter umfassende Deutsche Referenzkorpus DeReKo. Eine kostenlose Anmeldung ist erforderlich.
- Projekt Deutscher Wortschatz (http://wortschatz.uni-leipzig.de/) – Zugriff auf ein täglich automatisch aktualisiertes Online-Korpus
- Deutsches Textarchiv (DTA, http://www.deutsches-textarchiv.de/) – eine Sammlung von historischen Texten aus den Jahren 1780 bis 1900

Wörterbücher
- Digitales Wörterbuch der deutschen Sprache (DWDS, http://www.dwds.de/) – Wörterbuch auf der Basis eines ausgewogenen Korpus für das gesamte 20. Jahrhundert
- Online-Wörterbuch der deutschen Gegenwartssprache (elexiko, http://www.owid.de/elexiko_/index.html) – Wörterbuch, das auf Häufigkeits- und Kookkurrenz-Analysen des Deutschen Referenzkorpus basiert

Grammatiken
- Grammatisches Informationssystem Grammis (http://hypermedia.ids-mannheim.de/) – die komplette hypermediale Umsetzung einer großen wissenschaftlichen Grammatik
- Canoo (http://www.canoo.net/) – eine kompakte, praktische Online-Grammatik eines privaten Anbieters

Wörterbücher

Wörterbücher sind Datenbanken für Wörter und können ganz unterschiedliche Informationen tragen. Einsprachige Wörterbücher machen Angaben zur Morphologie, zur Bedeutung und zur Verwendung von Wörtern, zweisprachige bieten Entsprechungen in einer anderen Sprache. Sie werden schon seit langer Zeit korpusbasiert entwickelt – früher erfasste man die Belegstellen für ein Wort auf Karteikarten, heute steht hinter jedem Wörterbuchprojekt ein Basiskorpus, aus dem die Belege mit Computerhilfe herausgezogen werden. Neuere Online-Lexika gehen dabei über die traditionellen gedruckten Wörterbücher weit hinaus – einerseits fundieren sie ihre Worteinträge mit korpuslinguistischen Analysen, andererseits bieten sie neue Zugangsweisen und eine neuartige Anordnung und Darstellung der Informationen.

Grammatiken

Grammatiken enthalten Informationen zum Aufbau von Phrasen und Sätzen einer Sprache, definieren strukturelle Kategorien und stellen Beziehungen her zur Verwendung und zur Bedeutung der grammatischen Konstruktionen einer Sprache. Auch Grammatiken werden heute korpusbasiert entwickelt, weisen aber nach wie vor auch im Web eine ähnliche Struktur auf wie in gedruckten Büchern.

Web als Korpus?

Wegen der großen Rolle, die Korpora heute als solche, aber auch als Grundlage für Wörterbücher und Grammatiken besitzen, kann man sich fragen, ob nicht das *World Wide Web* selbst ein riesiges Sprachkorpus darstellt und mit einer Suchmaschine wie Google angemessen auch nach linguistisch interessanten Belegen durchsucht werden kann. Im Prinzip kann man das Web tatsächlich so nutzen, nur muss man sich dabei einige Dinge vergegenwärtigen: Einer der wichtigsten Grundsätze wissenschaftlicher Tätigkeit besteht darin, dass Untersuchungen reproduzierbar sind. Das Web hingegen verändert sich jeden Tag, und die Suchergebnisse für eine Wortform können morgen schon ganz anders aussehen als heute. Zweitens ist das Web keineswegs ein ausgewogenes Korpus – relativ wenige Seiten erfahren sehr große Aufmerksamkeit, während viele andere Seiten kaum Besucher zu verzeichnen haben. Dieses spiegeln auch die Ergebnislisten von Suchmaschinen wider, und das schränkt wiederum die Nutzbarkeit des Web als Korpus ein. Drittens fehlen zu den im Web durchsuchten Dokumenten die linguistischen Metadaten; die Generalisierbarkeit von Schlussfolgerungen ist deshalb stark eingeschränkt.

Allerdings kann man das Web durchaus sinnvoll für den Korpusaufbau nutzen. Dabei wird es nicht direkt verwendet, sondern die Texte aus dem Web werden lokal gesichert, um sie uneingeschränkt und unverändert nutzbar zu halten. In diesem Sinne kann das Web also als eine ideale Ressource für den Aufbau von Korpora verstanden werden, und genau dieses ist es auch, was die Verfügbarkeit von digital kodierten Korpora in den letzten 20 Jahren so explosionsartig hat ansteigen lassen.

computerlinguistische Ressourcen

Für die computerlinguistische Nutzung sind neben den allgemeinen Sprachressourcen eine Reihe spezieller computerlinguistischer Ressourcen von Interesse:

- *Annotierte Korpora* – Korpora, die linguistische Zusatzinformationen zu Wörtern oder Sätzen enthalten;
- *maschinenlesbare Lexika* – Lexika, die in computerlinguistischen Systemen genutzt werden können, um morphologische, grammatische und semantische Eigenschaften von Wörtern passgenau für den verwendeten Grammatik-Formalismus im Zusammenspiel mit dem Parsing-Verfahren zu Verfügung zu stellen;
- *formale Grammatiken* – Grammatiken, die einem präzise definierten Formalismus folgen und deshalb direkt von computerlin-

guistischen Komponenten, vor allem Parsern, verwendet werden können;
- *Werkzeuge* für die computerlinguistische Analyse – Programme, die spezielle Verarbeitungsaufgaben als Komponenten umfangreicherer Sprachverarbeitungssysteme wahrnehmen. Dieses kann die Erkennung von Wortarten oder Grundformen sein, von Namen und Daten der verschiedensten Art, die Erkennung der Sprache in einem Text oder die Herstellung einer normalisierten Textversion als Vorbereitung für weitere Verarbeitungsschritte.

Alle diese Arten von Ressourcen sind dadurch gekennzeichnet, dass die linguistische Information in ihnen in formalisierter Weise kodiert ist, so dass sie mit maschinellen Verfahren genutzt werden können. Annotierte Korpora spielen dabei eine besonders wichtige Rolle, da andere Ressourcen oftmals aus ihnen abgeleitet werden. Im Folgenden werden wir uns diese deshalb näher ansehen. Außerdem fließen bei der linguistischen Annotation von Korpora computerlinguistische und texttechnologische Verfahren zusammen, so dass die bislang parallel betrachteten Bereiche hier nun auch in einen direkten Zusammenhang treten.

Computerlinguistische Sprachressourcen für das Deutsche

Maschinenlesbare Lexika
- Im Projekt „Deutsche Sprachressourcen-Infrastruktur“ (D-Spin, http://www.sfs.uni-tuebingen.de/dspin/) werden gegenwärtig alle verfügbaren Sprachressourcen katalogisiert und für den übergreifenden Online-Zugriff aufbereitet.
- Maschinenlesbare Lexika bilden die Basis von vielen Sprachtechnologie-Produkten und werden deshalb von Firmen nicht zur freien Verfügung herausgegeben.
- Einige Online-Lexika, die allerdings nicht direkt für die maschinelle Verarbeitung geeignet sind, werden zur Zeit von öffentlichen Institutionen erstellt und online verfügbar gemacht. Wenn diese konsequent eingehaltene Strukturen aufweisen, ist es durchaus möglich, mit speziellen Lexikon-Parsern automatisch lexikografische Information daraus abzugreifen.

Formale Grammatiken
- Auch unmittelbar nutzbare formale Grammatiken werden gewöhnlich nicht frei im Netz zur Verfügung gestellt. Eine Ausnahme davon bildet Stefan Müller, der auf seiner Web-Seite mehrere Grammatiken im HPSG-Formalismus (Head-driven Phrase Structure Grammar) zur kostenlosen Nutzung anbietet (http://hpsg.fu-berlin.de/Software/).

Werkzeuge
- Ein Übersicht über computerlinguistische Werkzeuge für das Deutsche und andere Sprachen bietet die Universität Zürich (http://www.ifi.uzh.ch/groups/CL/InteractiveCLtools/index.php).

annotierte Korpora

In *annotierten Korpora* erfolgt die Annotation im einfachsten Fall durch Tokenisierung, was nichts anderes bedeutet, als dass die linguistischen Grundeinheiten wie Wörter und Sätze als solche gekennzeichnet werden. Auf den ersten Blick scheint dieses eine triviale Aufgabe zu sein, doch selbst dabei treten keineswegs nur ganz einfach zu lösende Probleme auf. Das Ende eines Satzes beispielsweise wird keineswegs eindeutig durch einen Punkt angezeigt – Punkte werden auch für vieles andere verwendet – in Zahlen („1.200 €"), Abkürzungen („usw."), Namen („Wissen.de-Lexikon"), Nummerierungen („Kapitel 3.1"), um nur einige zu nennen. Auch Wörter und vor allem Namen können große Schwierigkeiten bereiten: Was macht man mit der „Straße des 17. Juni"? Handelt es sich um ein Wort oder sind es vier? Was ist mit „be- und entladen"? Bildet „be-" ein Wort für sich selbst? Ist der Ausdruck insgesamt vielleicht nur ein Wort?

Auf der nächsthöheren Ebene ist die Annotation der jeweiligen Wortarten angesiedelt, das sogenannte „Part-of-Speech-Tagging". Auch hier schlummert so manches Problem, denn viele Wörter lassen sich keineswegs nur einer Wortart zuordnen. Will man diese Probleme beim Annotieren großer Korpora maschinell lösen, müssen dafür statische Informationen zu Hilfe genommen werden. So kann man leicht eine Tendenz-Regel aufstellen, dass nach einem Determinativ mit größerer Wahrscheinlich ein Adjektiv oder ein Nomen erscheint als ein Verb. Trotzdem ist es keineswegs komplett ausgeschlossen: „(er sagte, dass Probleme wohl) *viele* auftreten (würden)". Hier folgt auf das Determinativ ein Verb.

Die Annotation selbst wird heute üblicherweise in XML vollzogen und besitzt eine recht einfache Grundstruktur. Den Beispielsatz

(57) Hans sieht die Vögel.

Tokenisierung

kann man in der folgenden Weise tokenisieren und mit Wortarten-Tags versehen:

Annotation 1: Wortarten-Annotation

```
<SATZ>
    <EN>Hans</EN>
    <V>sieht</V>
    <D>die</D>
    <N>Vögel</N>
</SATZ>
```

Lemmatisierung

Wird ein Text in dieser Weise verarbeitet, ist es naheliegend, auch weitergehende Informationen zu den Wörtern in die Annotation zu integrieren. Besonders sinnvoll ist die Aufnahme der Grundform eines jeden Wortes, derjenigen Form, unter der es im Lexikon zu finden ist, das sogenannte Lemma. Entsprechend wird der Vorgang als *Lemmatisierung* bezeichnet:

Annotation 2: Lemmatisierung

```
<SATZ>
    <EN LEMMA="Hans">Hans</EN>
    <V LEMMA="sehen">sieht</V>
    <D LEMMA="die">die</D>
    <N LEMMA="Vogel">Vögel</N>
</SATZ>
```

Aber ist dieses tatsächlich eine optimale Annotation? Wird dadurch alles, was im Ausgangssatz enthalten ist, wirklich korrekt wiedergegeben? Wenn wir die annotierten Wörter aus Annotation 1 oder 2 entnehmen und sie wieder zu einem Satz zusammenfügen, ergibt sich notgedrungen statt (57) das folgende Gebilde:

(58) HanssiehtdieVögel

Auch die Leerzeichen (Fachausdruck „Spatium", pl. „Spatien", engl. „Space") und der satzabschließende Punkt dürfen also bei der Annotation nicht vergessen werden, wenn wir die im Ausgangssatz enthaltene Information exakt Zeichen für Zeichen erhalten wollen:

Annotation 3: Primärdatentreue Annotation

```
<SATZ>
      <EN LEMMA="Hans">Hans</EN>
      <SP/>
      <V LEMMA="sehen">sieht</V>
      <SP/>
      <D LEMMA="die">die</D>
      <SP/>
      <N LEMMA="Vogel">Vögel</N>
      <PU/>
  </SATZ>
```

Zwischen den Wörtern erscheint hier jeweils das leere Elemente „SP", das das Leerzeichen kennzeichnet. Am Ende wird durch das leere Element „PU" der Punkt bezeichnet. Mittels XSLT lässt sich auf einfache Weise die Umsetzung dieser Struktur in ihre ursprüngliche Gestalt programmieren.

Stand-Off-Annotation

Noch einen Schritt weiter als die primärdatentreue Annotation geht die *Stand-Off-Annotation*. Dabei wird der Grundsatz verfolgt, dass der annotierte Text überhaupt nicht verändert werden darf, nicht einmal durch die Eintragung von Tags, selbst wenn die Annotation primärdatentreu erfolgt. Bei der Stand-Off-Annotation müssen also der Primärtext und die Annotation systematisch voneinander getrennt werden. Um überhaupt eine „Orientierung" auf dem Primärtext zu ermöglichen, werden die Zeichen des Ausgangstextes einfach durchnummeriert. Wenn unser Beispielsatz also mitten in einem Text erscheinen würde, dann müssten wir dieses folgendermaßen tun (743 bildet dabei eine willkürliche Anfangsposition in einem größeren Text) :

```
(59)  (...). Hans sieht die Vögel. (...)
            ↑      ↑           ↑   ↑
           743    750         760 764
```

Das erste Zeichen mit Nummer 743 bezieht sich auf das Leerzeichen, das nach dem den vorherigen Satz erscheinenden Punkt steht. Das letzte Zeichen, Nummer 764, ist der satzabschließende Punkt. Wir können nun also sagen, dass sich der Satz von Zeichen 743 bis zum Zeichen 764 erstreckt. Das Wort „sieht“ etwa erstreckt sich innerhalb dieses Satzes vom siebten bis zum elften Zeichen.

Mit diesen Festlegungen ist es nun einfach, für den Satz, die Wörter, den Leerraum zwischen ihnen und den Punkt genaue Positionsangaben anzugeben:

Annotation 4: Stand-Off-Annotation

```
<SATZ ID="10710" ANFANG="743" ENDE="765">
    <SP ID="10711" ANFANG="0"  LÄNGE="1" />
    <EN ID="10712" ANFANG="1"  LÄNGE="4" LEMMA="Hans" />
    <SP ID="10713" ANFANG="5"  LÄNGE="1" />
    <V  ID="10714" ANFANG="6"  LÄNGE="5" LEMMA="sehen" />
    <SP ID="10715" ANFANG="11" LÄNGE="1" />
    <D  ID="10716" ANFANG="12" LÄNGE="3" LEMMA="die" />
    <SP ID="10717" ANFANG="15" LÄNGE="1" />
    <N  ID="10718" ANFANG="16" LÄNGE="5" LEMMA="Vogel" />
    <PU ID="10719" ANFANG="21" LÄNGE="1" />
 </SATZ>
```

Nach dieser Methode ergibt sich die genaue Position des annotierten Wortes im Text, indem man den Wert des Attributs „Anfang“ beim umgebenden „Satz“-Element mit dem Wert des Attributs „Anfang“ bei jedem Wort addiert, bei „sieht“ also 743 + 6 = 749. Aus dem Wert des „Länge“-Attributs geht hervor, dass sich dieses Wort bis zum Zeichen 753 erstreckt (das erste Zeichen des Wortes ist mitzuzählen). Zusätzlich zu den numerischen Daten enthält jedes Element noch ein „ID“-Attribut, in dem in eindeutiger Identifikator angegeben ist.

7.2 CL-9: Baumbanken – Korpora mit grammatischer Struktur

Wenn man linguistische Informationen zu den einzelnen Wörtern in der Annotation kodieren, dann ist es natürlich denkbar, auch die Struktur des ganzen Satzes durch die Annotation darzustellen. Macht man dieses systematisch für sämtliche Sätze in einem Korpus, so erhält man eine *Baumbank* (engl. *Treebank*). Baumbanken sind, sofern die in ihnen enthaltenen Strukturinformationen von hoher Korrektheit und hinreichend genau sind, eine sehr wichtige Ressource in der Computerlinguistik, weil man mit ihnen die Qualität von Parsern überprüfen kann. Will man die im Parser genutzte Grammatik darüber hinaus mit statistischen Informationen zur Wahrscheinlichkeit einzelner Konstruktionen verfeinern, so können diese aus einer Baumbank abgeleitet werden.

Die einfachste Möglichkeit, eine grammatische Baumstruktur texttechnologisch zu repräsentieren, kann dadurch erfolgen, dass man die Baumstruktur eines XML-Dokuments mit der grammatischen

Baumstruktur gleichsetzt. Für den Beispielsatz *Hans sieht die Vögel* ergibt sich damit die folgende Dokumentstruktur:

Annotation 5: Annotation der syntaktischen Struktur

```
<S>
   <NP>
      <EN>Hans</EN>
   </NP>
   <VP>
      <V>sieht</V>
      <NP>
         <D>die</D>
         <N>Vögel</N>
      </NP>
   </VP>
  </S>
```

Stand-Off-Baumstrukturen

Mit dieser Darstellung haben wir allerdings die gleichen Probleme wie mit der einfachsten Realisierung der Wortarten-Annotation (Annotation 1). Es erfolgt keine primärdatentreue Annotation, die Leerräume und Satzzeichen entfallen. Anders als bei der Wortarten-Annotation können wir diese aber auch nicht auf eine halbwegs plausible Weise in diese Baumstruktur integrieren. Deshalb ist von vornherein eine Stand-Off-Annotation wesentlich besser geeignet, und bei dieser Art der Annotation können die Beziehungen zwischen den Wörtern und Kategorien im Satz durch Verweise zum Ausdruck gebracht werden. Für den bereits bekannten Beispielsatz lässt sich dieses, bei gleichzeitiger Lemmatisierung, in folgender Weise realisieren:

Annotation 4: Stand-Off-Baumannotation

```
<SATZ ID="10710" ANFANG="743" ENDE="765">
     <SP ID="10711"                      ANFANG="0"  LÄNGE="1" />
     <EN ID="10712" ABH-VON="10720"ANFANG="1"  LÄNGE="4" LEMMA="Hans" />
     <SP ID="10713"                      ANFANG="5"  LÄNGE="1" />
     <V  ID="10714" ABH-VON="10722"ANFANG="6"  LÄNGE="5" LEMMA="sehen" />
     <SP ID="10715"                      ANFANG="11" LÄNGE="1" />
     <D  ID="10716" ABH-VON="10721"ANFANG="12" LÄNGE="3" LEMMA="die" />
     <SP ID="10717"                      ANFANG="15" LÄNGE="1" />
     <N  ID="10718" ABH-VON="10721"ANFANG="16" LÄNGE="5" LEMMA="Vogel" />
     <PU ID="10719"                      ANFANG="21" LÄNGE="1" />
     <NP ID="10720" ABH-VON="10723"/> <!-- Hans -->
     <NP ID="10721" ABH-VON="10722"/> <!-- die Vögel -->
     <VP ID="10722" ABH-VON="10723"/> <!-- sieht die Vögel -->
     <S  ID="10723" />
  </SATZ>
```

Zusätzlich zu den Attributen wie bei der Stand-Off-Wortarten-Annotation ist hier ein Attribut „Abh-von" (für „abhängig von") integriert, das untergeordnete Kategorien den jeweils übergeordneten zuordnet.

Die NP mit der ID 10721 etwa setzt sich aus den Elementen für das Determinativ „die“ (ID 10716) und das Nomen „Vögel“ (ID 10721) zusammen, selbst geht diese NP zusammen mit dem Verb „sieht“ (ID 10714) in die VP mit der ID 10722 ein, die zusammen mit der Subjekt-NP (ID 10720) die Satz-Kategorie bildet (ID 10723).

Der Vorteil einer Stand-Off-Annotation bei Baumbanken tritt besonders in zwei Fällen deutlich zutage. Dieses sind zum einen Sätze, bei denen die normale Baumstruktur durchbrochen wird, zum anderen Mehrdeutigkeiten. Der erste Fall ist beim folgenden Satz gegeben:

(60) Vögel hat Hans viele gesehen. [Betonungen auf „Vögel“ und „viele“]

diskontinuierliche Phrasen

Aufgrund der Erststellung allein des Nomens muss die Nominalphrase „viele Vögel“ diskontinuierlich analysiert werden; das Subjekt *Hans* tritt hinter das finite Verb *hat*, wodurch auch hier eine Überschneidung auftritt:

Strukturbaum mit sich überkreuzenden Kanten

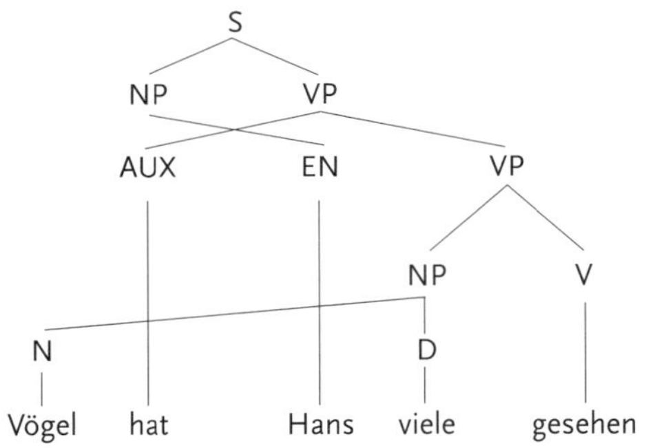

Während ein solcher Strukturbaum nicht durch eine grundlegende Verschachtelung von XML-Elementen dargestellt werden kann, stellt die Umsetzung in eine listenförmige Stand-Off-Annotation kein Problem dar (hervorgehoben ist die diskontinuierliche Nominalphrase *viele Vögel*):

Annotation 5: Stand-Off-Baum-Annotation mit diskontinuierlichen Phrasen

```
<SATZ ID="10799" ANFANG="900" ENDE="929">
    <SP  ID="10800"                    ANFANG="0"  LÄNGE="1"/>
    <N   ID="10801" ABH-VON="10812" ANFANG="1"  LÄNGE="5" LEMMA="Vogel"/>
    <SP  ID="10802"                    ANFANG="6"  LÄNGE="1"/>
    <AUX ID="10803" ABH-VON="10814" ANFANG="7"  LÄNGE="3" LEMMA="haben"/>
    <SP  ID="10804"                    ANFANG="10" LÄNGE="1"/>
    <EN  ID="10805" ABH-VON="10811" ANFANG="11" LÄNGE="4" LEMMA="Hans"/>
    <SP  ID="10806"                    ANFANG="15" LÄNGE="1"/>
```

```
    <D  ID="10807" ABH-VON="10812" ANFANG="16" LÄNGE="5" LEMMA="viel-"/>
    <SP ID="10808"                 ANFANG="21" LÄNGE="1"/>
    <V  ID="10809" ABH-VON="10813" ANFANG="22" LÄNGE="7" LEMMA="sehen"/>
    <PU ID="10810"                 ANFANG="29" LÄNGE="1"/>
    <NP ID="10811" ABH-VON="10815"/> <!-- Hans -->
    <NP ID="10812" ABH-VON="10813"/> <!-- viele Vögel -->
    <VP ID="10813" ABH-VON="10814"/> <!-- viele Vögel gesehen -->
    <VP ID="10814" ABH-VON="10815"/> <!-- hat viele Vögel gesehen -->"
    <S  ID="10815"/>
</SATZ>
```

alternative Lesarten

Der andere Vorteil einer solchen Repräsentation von Strukturbäumen liegt darin, dass wir auch alternative Lesarten der grammatischen Struktur repräsentieren können. Eine Satz wie

(61) Hans sieht das Kind mit dem Fernglas

kann auf zwei verschiedene Weisen analysiert werden. Einerseits ist *mit dem Fernglas* das Instrument des Sehens gemeint und somit ein Satzglied, das parallel zum Objekt des Sehens, *das Kind*, dargestellt werden muss:

Lesart 1 von Beispiel (61)

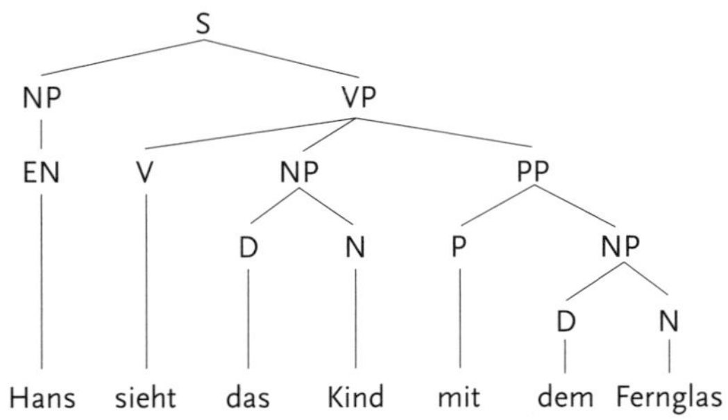

Bei der zweiten Lesart fungiert *mit dem Fernglas* als ein präpositionales Attribut zum Nomen *Kind* und bildet zusammen mit diesem und dem Determinativ die komplexe Nominalphrase *das Kind mit dem Fernglas*. Es wird also ein Kind bezeichnet, das ein Fernglas bei sich hat oder besitzt:

Lesart 2 von Beispiel (61)

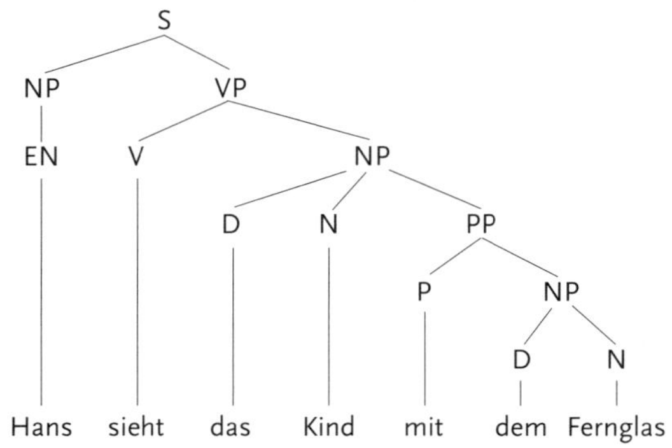

Beide Lesarten können nun in einer Stand-Off-Annotation zusammengeführt werden, indem wir explizit kenntlich machen, dass es sich um zwei Varianten handelt, die alternative Strukturinterpretationen darstellen:

Annotation 6: Stand-Off-Baumannotation mit alternativen Lesarten

```
...
<VARIANTEN>
   <SP ID="13599"                    ANFANG="0"  LÄNGE="1" />
<VARIANTE>
   <D  ID="13600" ABH-VON="13611" ANFANG="12" LÄNGE="3" LEMMA="das" />
   <SP ID="13601"                    ANFANG="15" LÄNGE="1" />
   <N  ID="13602" ABH-VON="13611" ANFANG="16" LÄNGE="4" LEMMA="Kind" />
   <SP ID="13603"                    ANFANG="20" LÄNGE="1" />
   <N  ID="13604" ABH-VON="13610" ANFANG="21" LÄNGE="3" LEMMA="mit" />
   <SP ID="13605"                    ANFANG="24" LÄNGE="1" />
   <N  ID="13606" ABH-VON="13609" ANFANG="25" LÄNGE="3" LEMMA="dem" />
   <SP ID="13607"                    ANFANG="28" LÄNGE="1" />
   <N  ID="13608" ABH-VON="13609" ANFANG="29" LÄNGE="8" LEMMA="Fernglas" />
   <NP ID="13609" ABH-VON="13610" /> <!-- dem Fernglas -->
   <PP ID="13610" ABH-VON="13611" /> <!-- mit dem Fernglas -->
   <NP ID="13611" ABH-VON="..." />   <!-- das Kind mit dem Fernglas -->
 </VARIANTE>
 <VARIANTE>
   <D  ID="13612" ABH-VON="13621" ANFANG="12" LÄNGE="3" LEMMA="das" />
   <SP ID="13613"                    ANFANG="15" LÄNGE="1" />
   <N  ID="13614" ABH-VON="13621" ANFANG="16" LÄNGE="4" LEMMA="Kind" />
   <SP ID="13615"                    ANFANG="20" LÄNGE="1" />
   <N  ID="13616" ABH-VON="13623" ANFANG="21" LÄNGE="3" LEMMA="mit" />
   <SP ID="13617"                    ANFANG="24" LÄNGE="1" />
   <N  ID="13618" ABH-VON="13622" ANFANG="25" LÄNGE="3" LEMMA="dem" />
   <SP ID="13619"                    ANFANG="28" LÄNGE="1" />
```

```
    <N ID="13620" ABH-VON="13622"  ANFANG="29"  LÄNGE="8" LEMMA="Fernglas" />
    <NP ID="13621" ABH-VON="13624" /> <!-- das Kind -->
    <NP ID="13622" ABH-VON="13623" /> <!-- dem Fernglas -->
    <PP ID="13623" ABH-VON="13624" /> <!-- mit dem Fernglas -->
    <VP ID="13624" ABH-VON="..." />  <!-- sah das Kind mit dem Fernglas -->
</VARIANTE>
</VARIANTEN>
  ...
```

Es ist sicherlich deutlich, dass die Erstellung von derartigen Baumbanken eine keineswegs einfache Aufgabe darstellt. Wenn man einen guten Parser zur Verfügung hat, kann man diesen natürlich dafür einsetzen. Da aber ein Parser niemals zu 100 Prozent korrekte Ergebnisse abliefert, muss in jedem Fall ein menschlicher Korrekturvorgang durchgeführt werden. Für Baumbanken sind jedoch vor allem diejenigen Sätze von Interesse, die irgendwelche lexikalischen oder grammatischen Besonderheiten aufweisen, und solche Besonderheiten möchte man ja erst aufgrund der Analyse von Strukturen in einer Baumbank ermitteln, um beispielsweise einen Parser darauf abzustimmen. In solchen Fällen führt kein Weg an einer manuellen oder allenfalls teilautomatischen Annotation vorbei. Eine solche Annotation sollte überdies von mindestens zwei Annotatoren durchgeführt werden, um an Stellen, wo Unterschiede zwischen diesen festzustellen sind, eine genauere Betrachtung vornehmen zu können.

Einige Baumbanken für das Deutsche

- NEGRA (http://www.coli.uni-saarland.de/projects/sfb378/negra-corpus/) – ca. 20.000 Sätze aus Zeitungstexten („Frankfurter Rundschau"), semi-automatische Annotation
- TIGER (http://www.coli.uni-saarland.de/projects/sfb378/negra-corpus/) – ca. 50.000 Sätze aus Zeitungstexten („Frankfurter Rundschau"), semi-automatische Annotation
- TüBa-D/Z (http://www.sfs.uni-tuebingen.de/de_tuebadz.shtml) – ca. 36.000 Sätze aus Zeitungstexten („Die Tageszeitung"), semi-automatische Annotation
- TüBa-D/S (http://www.sfs.uni-tuebingen.de/de_tuebads.shtml) – ca. 38.000 Sätze aus transliterierten spontansprachlichen Dialogen, manuelle Annotation
- TüPP-D/Z (http://www.sfs.uni-tuebingen.de/de_tuebads.shtml) – ca. 38.000 Sätze aus transliterierten spontansprachlichen Dialogen, manuelle Annotation

7.3 TT-6: Texttechnologische Standards – Verabredungen für den Datenaustausch

Im Bereich der Texttechnologie dienen Standards dazu, dass nicht jeder das Rad neu erfinden muss und ein reibungsloser Datenaustausch gewährleistet wird. Im Zentrum der Standardisierung steht natürlich XML, die *Extensible Markup Language*, durch die textuelle Daten in eine Baumstruktur gebracht und durch eine DTD grammatisch beschrieben werden können. Neben XML haben wir im vorangegangenen Kapitel auch HTML und XSLT kennengelernt – Standards, die von der gleichen Institution entwickelt worden sind. Das *World Wide Web Consortium* („W3C") ist eine Art internationaler Verein, in dem sich mehr als 400 Firmen, Universitäten und andere Institutionen zusammengeschlossen haben, um für den Datenaustausch im *World Wide Web* Empfehlungen (*Recommendations*) abzugeben. Diese Empfehlungen haben den Status von De-facto-Standards, auch wenn das W3C nicht wie die *International Organization for Standardization* (ISO, zu der auch das Deutsche Institut für Normung, DIN, gehört) offiziell im staatlichen Auftrag tätig ist. Das W3C wurde 1994 vom „Erfinder" des Web, Tim Berners-Lee, gegründet, der auch als dessen Vorsitzender fungiert. Die erste Empfehlung, die das W3C seinerzeit herausgegeben hat, war HTML, der grundlegende Standard für die Darstellung von Web-Seiten.

Das *World Wide Web Consortium*

Familie der XML-Standards

Um XML herum hat sich eine ganze Familie von weiteren Standards gebildet, die alle erdenklichen Arten der Nutzung von XML betreffen. Nachdem diese Standards zu Empfehlungen geworden und somit für längere Zeit „stabil" sind, stellen sich Software-Produzenten darauf ein und tragen so zu deren weiteren Etablierung bei.

Einige Standards (W3C-Empfehlungen) aus der XML-Familie

- XML (Extensible Markup Language) – das Zentrum der Familie; Festlegung der logischen Struktur von digitalen Dokumenten durch Einbettung von Elementen; Festlegung der Möglichkeit, durch eine DTD die Struktur durch eine Grammatik in allgemeiner Form festzulegen
- XML Schema – eine Alternative zu DTDs; die Grammatiken werden selbst als XML-Dokumente formuliert, sie besitzen weitergehende Möglichkeiten, die erlaubten Strukturen und Datentypen festzulegen
- XSL (XML Stylesheet Language) – XML-basierte Programmiersprache, die XML-Dokumente in eine seitenbasierte Ausgabe (XSL-FO) oder beliebig strukturierte andere Dokumente (XSLT) zu transformieren erlaubt
- XML Query – eine Abfragesprache, die es ermöglicht, ein XML-Dokument wie eine Datenbank nach bestimmten Daten zu durchsuchen, diese Daten zu aggregieren und in einem XML-Dokument auszugeben
- XLink – ein Standard, in dem verschiedene Attribute festgelegt werden, durch die beliebige Elemente in einem XML-Dokument zu Hypertext-Links gemacht werden können; unterstützt sehr „exotische" Linktypen und ermöglicht auch die Spezifikation von Link-Ankern im Stand-Off-Verfahren
- XPath – ein einfacher Standard zu Lokalisierung von Daten in XML-Dokumenten; XPath macht sich die Baumstruktur zunutze, erlaubt aber auch einfache Berechnungen zur Bestimmung des Zielobjekts im Dokument vorzunehmen; wird in XSL, XML Query und XLink verwendet
- XPointer – Ergänzung zu XPath, durch die es möglich wird, beliebige Abschnitte in einem XML-Dokument anzusteuern, z.B. ein bestimmtes Wort im Text oder ein Ausschnitt des gesamten Dokuments; besonders für die Stand-Off-Annotation von Links mit Hilfe von XLink wichtig
- XHTML – die XML-Version von HTML; HTML folgt ursprünglich nicht dem XML-, sondern dem älteren SGML-Standard; XHTML ist eine Reformulierung von HTML im XML-Formalismus ohne Funktionsunterschiede

Während sich das W3C auf die grundlegenden Standards zur Datenkodierung und -übertragung konzentriert, gibt es eine Vielzahl weiterer Organisation, Vereinigungen und Verbände, die ebenfalls für ihren jeweiligen Bereich Standardisierungen vornehmen oder es zumindest versuchen. Auf der Seite http://xml.coverpages.org/xml-Applications.html, wo Hunderte dieser Anwendungen zusammengetragen sind, findet man beispielsweise die *Weather Markup Language* (WeatherML), die *Financial Services Markup Language* (FSML), die *Real Estate Transaction Markup Language* (RETML) oder das *Hospitality Industry Technology Integration Standards* (HITIS) *Project*. Viele dieser Standardisierungen werden von der *Organization for the Advancement of Structured Information Standards* (OASIS, http://www.oasis-open.org) vorangetrieben.

weitere Standardisierungen

Eine gerade im geistes- und kulturwissenschaftlichen Gebiet zentrale texttechnologische Anwendung stellen die TEI-Richtlinien dar. Die *Text Encoding Initiative* entstand 1987 aus dem Bedürfnis, literarische, historische und religiöse Texte durch Verwendung eines einheitlichen Kodierungsschemas der digitalen Verarbeitung zugänglich zu machen. Beteiligt waren ursprünglich drei internationale Fachverbände, die *Association for Computers and the Humanities*, die *Association for Computational Linguistics* sowie die *Association for Literary and Linguistic Computing*. Bis 1994 wurde eine Anzahl von Komitees mit Hunderten von Fachwissenschaftlern aus einer Vielzahl geisteswissenschaftlicher Disziplinen gebildet, die für die Festlegung der Informationsstrukturen zuständig waren. 1994 wurde mit „TEI P3" die erste weithin genutzte Version der „Guidelines" verabschiedet, die heute XML-basiert in der Version P5 vorliegen.

Die TEI-Richtlinien

Die TEI-Dokumentgrammatik zeichnet sich sowohl auf der Makro- als auch auf der Mikro-Ebene durch außergewöhnliche Flexibilität und Erweiterungsmöglichkeiten aus. Sie besteht ursprünglich aus mehreren Teilen, die unterschiedliche Strukturierungsaufgaben wahrnehmen:

Core-, Base- und Additional-Tag-Sets

- Das *Core Tag Set* legt die Struktur des *Headers* von TEI-Dokumenten fest und definiert alle solchen Elemente, die in jeder TEI-Anwendung vorkommen können: Listen, Hervorhebungen, Zitate, Namen, Adressen, Verweise, bibliographische Angaben und vieles mehr.
- Die *Base Tag Sets* sehen Elementmengen für verschiedene Textsorten vor: für Prosa, für lyrische Texte, für dramatische Texte, für die Transkription gesprochener Sprache oder für gedruckte Wörterbücher.
- In den *Additional Tag Sets* werden zusätzliche Annotationsmöglichkeiten festgelegt: ein umfangreiches Verlinkungssystem, Elemente für einfache linguistische Analysen, Merkmalsstrukturen, kritische Apparate, Graphen, Tabellen und anderes.

Soll ein konkreter Text annotiert werden, muss zunächst ein *Base Tag Set* ausgewählt werden, das dann um *Additional Tag Sets* erweitert werden kann. In früheren Versionen der TEI-Richtlinien erfolgte die Auswahl in der „Doctype"-Deklaration eines XML-Dokuments durch Definition von sogenannten Parameter-Entitäten:

Deklaration eines TEI-Dokuments (alte Version)

```
<!DOCTYPE    TEI SYSTEM „tei.dtd" [
   <!ENTITY % TEI.header         „INCLUDE">
   <!ENTITY % TEI.core           „INCLUDE">
   <!ENTITY % TEI.textstructure  „INCLUDE">
   <!ENTITY % TEI.drama          „INCLUDE">
   ]>
<TEI xmlns="http://www.tei-c.org/ns/1.0">
    ...
</TEI>
```

In diesem Beispiel werden die *Core Tag Sets* „header" und „core" ergänzt um ein *Base Tag Set* „Textstructure", durch das grundlegende Auszeichnungsmöglichkeiten für Texte zur Verfügung gestellt werden, und das *Base Tag Set* für Dramen.

das ODD-Prinzip

In der TEI-Version P5 wird statt dieser elementaren Anpassungsmöglichkeiten das ODD-Prinzip verfolgt: „ODD" steht für „One document does it all" und bezeichnet ein Verfahren, bei dem ein normales TEI-Dokument genutzt wird, um die verwendeten *Tag Sets*, Änderungen, Ergänzungen und Streichungen von Elementen zu spezifizieren – es kann daneben aber auch gewöhnlichen annotierten Text enthalten. Dieses Dokument wird über einen ODD-Prozessor in eine Dokumentgrammatik übersetzt, die dann alle notwendigen Deklarationen für die verwendeten Elemente und Attribute enthält. Auch auf der Ebene der einzelnen Deklarationen ist TEI sehr anpassungsfähig. Nahezu jeder Aspekt von Element- und Attributlisten-Deklarationen – Namen, Inhaltsmodelle, Anzahl der Attribute, ihr Status –, aber auch die Deklarationen als ganzes können gezielt herausgegriffen und abgewandelt werden. Hier ist ein Beispiel für ein TEI-Dokument, das nach dem ODD-Prinzip spezifiziert ist:

Ein TEI-Dokument, spezifiziert nach dem ODD-Prinzip

```
<TEI>
  <teiHeader>
     <fileDesc>
        <titleStmt>
           <title>TEI-Dokument mit Modul-Einbindung</title>
        </titleStmt>
        <publicationStmt>
           <p>Beispieldokument, frei verfügbar</p>
        </publicationStmt>
```

```
        <sourceDesc>
          <p>orientiert an Beispielen aus www.tei-c.org/Support/
          Learn/odds.xml</p>
        </sourceDesc>
      </fileDesc>
    </teiHeader>
    <text>
      <body>
        <schemaSpec ident="oddex1" start="TEI">

          <moduleRef key="header"/>
          <moduleRef key="core"/>
          <moduleRef key="tei"/>
          <moduleRef key="textstructure"/>
          <moduleRef key="drama"/>

          <elementSpec ident="soundClip" mode="add">
            <classes>
              <memberOf key="model.pPart.data"/>
            </classes>
            <content>
              <rng:text/>
            </content>
          </elementSpec>

          <elementSpec ident="headItem" mode="delete"
          module="core"/>

        </schemaSpec>
        <p>Hier erscheint der eigentliche Text, der nach den TEI-
        Prinzipien annotiert wird.</p>
      </body>
    </text>
  </TEI>
```

Im Element „tei.header“ werden allgemeine Festlegungen getroffen zu Titel, Autor, Zugänglichkeit und vielen anderen Aspekten des aktuellen Dokuments. Der eigentliche Text erscheint innerhalb des „text“-Elements im „body“-Element, wobei hier zu Beginn mit dem „SchemaSpec“-Element die anzuwendende Dokumentgrammatik zusammengesetzt wird. In diesem Beispiel werden zunächst durch die Elemente „moduleRef“ vier Grammatik-Module ausgewählt („header“, „core“, „tei“ und „textstructure“), dann ein Element „soundClip“ neu definiert (Attribut „mode“ hat den Wert „add“) und das Element „headItem“ aus dem „Core“-Modul getilgt (Attribut „mode“ mit dem Wert „delete“).

Drama-Annotation

Das folgende XML-Dokument zeigt nun den Beginn des Dramas „Patkul“ von Karl Ferdinand Gutzkow, annotiert nach den TEI-Richtlinien (das Beispiel wurde entnommen aus Schütz/Ritter 2007, 14). Die fettgedruckten Textteile kennzeichnen den Originaltext:

Exemplarische TEI-Annotation (Drama)

```
<body>
  <head>Patkul</ head>
  <div n="1" type="act">
     <head>Erster Aufzug.</head>
     <div n="1" type="scene">
        <head>Erste Scene.</head>
        <stage type="undefined">Vorzimmer der Churfürstin im Lust-
        schloß Pillnitz.</stage>
        <stage type="undefined">
           <emph>Anna von Einsiedel</emph> und <emph>Baronesse von
           Jänkendorf</emph> sitzen mit kleinen Handstickereien
           beschäftigt rechts und links von der Bühne. Später die
           <emph>Oberhofmeisterin von Nostiz</emph>. Auf jedem
           Tisch ein schwarzes Gebetbuch.
        </stage>
        <sp who="">
           <speaker>Bar. Jänkendorf</speaker>
           <stage type="movement">(von einer kleinen Flugschrift
           verstohlen aufblickend).
           </stage>
           <p>Klingelte die Churfürstin nicht?</p>
        </sp>
        ...
     </div>
     ...
   </div>
   ...
 </body>
```

Die Einteilung in Akte und Szenen wird hier durch das „div"-Element realisiert, dessen „type"-Attribut die Art der Gliederungseinheit angibt. Die originalen Überschriften sind trotz dieser Einteilung jeweils im „head"-Element enthalten. Jedes „stage"-Element kennzeichnet eine Bühnenanweisung. Die „emph"-Kennzeichnungen machen deutlich, dass an diesen Stellen im Originaltext Hervorhebungen (engl. *emphasis*) enthalten sind. Textabschnitte, die einem Sprecher zugeordnet sind, sind durch das Element „sp" markiert; diese enthalten neben der Bezeichnung des Sprechers und gegebenenfalls einer Bühnenanweisung den Sprechertext, der hier im Element „p" (Absatz) erfasst ist.

Da die TEI-Guidelines für die Anwendung in sehr breiten Benutzerkreisen ausgelegt ist, ist auch die Dokumentation sehr ausführlich und als solche richtungsweisend geworden. Die Entwickler der TEI-*Tag Sets* sind sich bewusst, dass derartige Spezifikationen solange nicht wirklich angewendet werden, wie es keine Darstellung der Strukturierungsmethodik als eine Art von Semantik gibt. Deshalb beschränkt sich die Dokumentation nicht auf die Auflistung der existierenden Elemente, sondern es steht vielmehr die Erläuterung der verschiedenen Teile der Dokumentgrammatik und der ihnen zugrunde liegenden Grundsätze der Informationsmodellierung im Zentrum. All dies sowie die feste Verankerung von TEI in der *E-Humanities*-Gemeinschaft hat dazu geführt, dass sich TEI als dominierender Standard durchgesetzt hat, an dem bei der digitalen Erfassung von kulturell bedeutsamen Texten kein Weg mehr vorbei führt.

7.4 Fazit, Aufgaben, Vertiefung

Fazit

Ressourcen bilden eine wichtige Grundlage für Forschung und Entwicklung im Bereich der Computerlinguistik. Es können allgemeine Sprachressourcen unterschieden werden von solchen Ressourcen, die speziell für Sprachverarbeitungszwecke zur Anwendung kommen. Neben maschinenlesbaren Lexika, formalen Grammatiken und einzelnen Verarbeitungswerkzeugen sind dieses vor allem Baumbanken, d. h. Korpora, bei denen jeder Satz zugleich mit seiner grammatischen Struktur annotiert ist. Bei dieser Art der Annotation können texttechnologische Verfahren eingesetzt werden, von denen das wichtigste die Stand-Off-Annotation darstellt. Dabei werden die Tags nicht in das Originaldokument eingetragen, sondern separat gespeichert, wobei die genaue Position durch einen Adressierungsmechanismus auf Zeichenebene zu gewährleisten ist. Stand-Off-Annotationen haben den Vorteil, auch Mehrdeutigkeiten oder strukturelle Abweichungen erfassen zu können.

Im Bereich der Texttechnologie erfüllen Standards die Funktion von Ressourcen. Standards werden für grundlegende Festlegung erstellt, etwa vom *World Wide Web Consortium*, oder von großen Fach- oder Interessenverbänden, wenn aus der Standardisierung Vorteile beim Datenaustausch oder der Verwendung von Software-Systemen erwachsen. Im Bereich der geisteswissenschaftlichen Informationsverarbeitung bildet TEI den zentralen Standard, mit dem eine Vielzahl von kulturell bedeutsamen Arten von Texten und Dokumenten, beispielsweise Dramen, strukturell ausgezeichnet werden kann.

CL-Aufgaben

1. Recherchieren Sie die Wörter „Arkadien“, „Erbse“, „Erbsenbein“, „Kauf“, „Refektorium“ und „Tortenheber“ in den Korpora COSMAS-II und Projekt Deutscher Wortschatz (Links s. Seite 97). In COSMAS müssen Sie sich zunächst registrieren. Welches sind häufige Kollokatoren (Wörter in der unmittelbaren Umgebung)

zu diesen Wörtern? Was für Schlussfolgerungen lassen sich daraus für eine lexikografische Beschreibung dieser Wörter ziehen?
2. Schlagen Sie diese Wörter auch im DWDS (Digitales Wörterbuch der deutschen Sprache) und in elexiko nach.
3. Stellen Sie das HTML-Dokument in Abschnitt TT-5 in Gestalt einer Standoff-Annotation dar. Erstellen Sie dazu in einer Datei zunächst eine Rohtextfassung, in der der textuelle Inhalt ohne jede Annotation enthalten ist. Entwickeln Sie dann die Stand-Off-Annotation für die entfallenen HTML-Elemente in der Weise, wie es für die Stand-Off-Baumannotation gezeigt worden ist. Sie können dabei die verwendeten Merkmale in geeigneter Weise verändern. Versuchen Sie ein effizientes Verfahren für diese Art der Stand-Off-Annotation zu finden.

TT-Aufgaben

4. Informieren Sie sich auf den Web-Seiten des *World Wide Web Consortium* (www.w3.org) über die XML-bezogenen Standards. Sehen Sie sich die Original-Spezifikation („Recommendation") für XML an.
5. Gehen Sie auf die Web-Seiten der *Text Encoding Initiative* (www.tei-c.org) und informieren Sie sich genauer über die TEI-Guidelines. Erstellen Sie ein TEI-Dokument unter Verwendung der TEI-DTD in der Variante „Bare" (http://www.tei-c.org/Guidelines/Customization/) und annotieren Sie die in diesem Buch als Beispiel verwendete Zeitungsmeldung „Merkels Reise verärgert Steinmeier" (s. Abschnitt TT-2). Dazu können Sie einen XML-Editor verwenden, oder Sie validieren Ihre TEI-Annotation mittels http://www.validome.org/xml/.

Vertiefung

Lemnitzer/Zinsmeister (2006) kann als Einführung in die Korpuslinguistik mit Blick auf die deutsche Sprache empfohlen werden. Annotationstechniken für linguistische Korpora werden in Sasaki/Witt (2004) und Witt (2004) erläutert. Verschiedene Baumbank-Formate werden in Ule/Hinrichs (2004) dargestellt. Die Nutzung des *World Wide Web* als Korpus diskutiert Rehm (2004).

Bei den texttechnologischen Standards empfiehlt es sich, von den originalen Spezifikationen auszugehen. Im Zusammenhang damit werden immer auch einführende Materialien erstellt. Die Web-Adressen der verschiedenen W3C-Standards finden sich in der Literaturliste. Die zentrale Web-Seite für TEI ist www.tei-c.org; dort sind ebenfalls viele Begleitmaterialien zu finden.

Literaturverzeichnis

Agel, Vilmos, Ludwig Eichinger, Hans-Werner Eroms, Peter Hellwig, Hans-Jürgen Heringer und Henning Lobin (Hrsg.), *Dependenz und Valenz* (= Handbücher zur Sprach- und Kommunikationswissenschaft, HSK 25.1), Berlin/New York, 2003.

Allen, James, *Natural Language Understanding*, Redwood, 1995.

Bongers, Frank, *XSLT 2.0 und XPath 2.0*, Bonn, 2008 [2. Aufl.].

Carstensen, Kai-Uwe, *Sprachtechnologie. Ein Überblick*, http://www.ifi.uzh.ch/groups/CL/carstens/Materialien/Sprachtechnologie.pdf, 2009 [6.7.2009].

Carstensen, Kai-Uwe, Christian Ebert, Cornelia Endriss, Susanne Jekat, Ralf Klabunde und Hagen Langer (Hrsg.), *Computerlinguistik und Sprachtechnologie*, Heidelberg, 2004 [2. Auflage].

Chomsky, Noam, *Syntactic Structures*, Den Haag, 1957.

Chomsky, Noam, *Aspects of the Theory of Syntax*, Cambridge, 1965.

Dowty, David R., Robert E. Wall und Stanley Peters, *Introduction to Montague Semantics*, Dordrecht u.a., 1981.

Flohr, Horst, und Henning Lobin, „Die Struktur von Sätzen: Syntax", in: Müller (Hrsg.), 2002, S. 125-147.

Hellwig, Peter, „Dependency Unification Grammar", in: Agel et al. (Hrsg.), 2003, S. 593-636.

Heringer, Hans-Jürgen, *Morphologie* (= UTB 3204 / LIBAC), Paderborn, 2009.

Hutchins, W. John, *Machine Translation. Past, Present, Future*, Chichester, 1986.

Hutchins, W. John (Hrsg.), *Early years in machine translation. Memoirs and biographies of pioneers*, Amsterdam, 2000.

[HTML] *HTML 4.01 Specification*, World Wide Web Consorium (Hrsg.), http://www.w3.org/TR/html401/, 1999.

Klabunde, Ralf, „Automatentheorie und formale Sprachen", in: Carstensen et al. (Hrsg.), 2004, S. 63-90.

Klabunde, Ralf, *Formale Grundlagen der Linguistik – ein Arbeitsbuch*, Tübingen, 1998.

Kolb, Peter, „Graphentheorie und Mermalsstrukturen", in: Carstensen et al. (Hrsg.), 2004, S. 91-110.

Langer, Hagen, „Syntax und Parsing", in: Carstensen et al. (Hrsg.), 2004, S. 232-275.

Lemnitzer, Lothar, und Heike Zinsmeister, *Korpuslinguistik – eine Einführung*, Tübingen, 2006.

Lobin, Henning (Hrsg.), *Text im digitalen Medium. Linguistische Aspekte von Textdesign, Texttechnologie und Hypertext Engineering*, Wiesbaden, 1999.

Lobin, Henning, *Informationsmodellierung in XML und SGML*, Berlin/New York, 2000.

Lobin, Henning, „Textauszeichnung und Dokumentgrammatik", in: Lobin/Lemnitzer (Hrsg.), 2004, S. 51-82.

Lobin, Henning, und Lothar Lemnitzer (Hrsg.), *Texttechnologie. Perspektiven und Anwendungen*, Tübingen, 2004.

Mehler, Alexander, und Henning Lobin (Hrsg.), *Automatische Textanalyse. Systeme und Methoden zur Annotation und Analyse natürlichsprachlicher Texte,* Wiesbaden, 2004.

Müller, Horst M. (Hrsg.), *Arbeitsbuch Linguistik* (= UTB, 2169), Paderborn u.a., 2002.

Müller, Stefan, *Head-Driven Phrase Structure Grammar: Eine Einführung* (= Stauffenburg Einführungen, 17), Tübingen, 2007.

Naumann, Sven, und Hagen Langer Parsing, *Parsing. Eine Einführung in die maschinelle Analyse natürlicher Sprache,* Stuttgart, 2004.

Rehm, Georg, „Texttechnologie und das World Wide Web", in: Lobin/Lemnitzer (Hrsg.), 2004, S. 433-464.

Sasaki, Felix, und Andreas Witt, „Linguistische Korpora", in: Lobin/Lemnitzer (Hrsg.), 2004, S. 195-216.

Schiehlen, Michael, und Ralf Klabunde, „Semantik", in: Carstensen et al. (Hrsg.), 2004, S. 276-332.

Schubert, Klaus, „Metataxe: ein Dependenzmodell für die computerlinguistische Praxis", in: Agel et al. (Hrsg.), 2003, S. 636-660.

Schütz, Susanne, und Jörg Ritter, *Entwicklung und Einsatz eines TEI-konformen Editors für die Edition der Dramen von Karl Gutzkow,* Universität Halle-Wittenberg [http://www.telota.de/telota/nachrichten/praesentationen_edworkshop/SchuetzRitter_Entwicklung%20und%20Einsatz%20eines%20TEI-konformen%20Texteditors.pdf, zuletzt besucht 26.6.2009], 2007.

Schumacher, Frank, und Petra Steiner, „Aspekte der Bedeutung: Semantik", in: Müller (Hrsg.), 2002, S. 170-198.

[SGML] *ISO 8879:1986. Information Processing – Text and Office Systems – Standard Generalized Markup Language (SGML),* Genf, 1986.

[TEI P5] Burnard, Lou, und Syd Bauman, *TEI P5: Guidelines for Electronic Text Encoding and Interchange,* Oxford u.a., 2008 [http://www.tei-c.org/Guidelines/P5].

Ule, Tylman, und Erhard Hinrichs, „Linguistische Annotation", in: Lobin/Lemnitzer (Hrsg.), 2004, S. 217-243.

Uzonyi, Pál, „Dependenzstruktur und Konstituenzstruktur", in: Agel et al. (Hrsg.), 2003, S. 230-247.

Witt, Andreas, „Linguistische Informationsmodellierung mit XML", in: Mehler/Lobin (Hrsg.), 2004, S. 39-54.

Witt, Andreas, und Stefan Müller, „Grundlagen für den Computereinsatz in der Linguistik: Attribute, Werte, Unifikation", in: Müller (Hrsg.), 2002, S. 425-442.

[XLink] *XML Linking Language (XLink) Version 1.0.,* World Wide Web Consortium (Hrsg.), http://www.w3.org/TR/xlink/, 2001

[XHTML] *XHTML 1.0 The Extensible HyperText Markup Language,* World Wide Web Consortium (Hrsg.), http://www.w3.org/TR/xhtml1, 2000.

[XML] *Extensible Markup Language (XML) 1.1,* World Wide Web Consortium (Hrsg.), http://www.w3.org/TR/xml11 [Version 1.0 erschienen 1998], 2006.

[XML Query] *XQuery 1.0: An XML Query Language,* World Wide Web Consortium (Hrsg.), http://www.w3.org/TR/xquery/, 2007.

[XML Schema] *XML Schema Part 1: Structures Second Edition* [http://www.w3.org/TR/xmlschema-1/] und *Part 2: Datatypes Second Edition* [http://www.w3.org/TR/xmlschema-2/], World Wide Web Consortium (Hrsg.), 2004.

[XPointer] *XPointer Framework* [http://www.w3.org/TR/xptr-framework/], *XPointer element() Scheme* [http://www.w3.org/TR/xptr-element/] und *XPointer xmlns() Scheme* [http://www.w3.org/TR/xptr-xmlns/], World Wide Web Consortium (Hrsg.), 2003.

[XSL] *Extensible Stylesheet Language (XSL) Version 1.1*, World Wide Web Consortium (Hrsg.), http://www.w3.org/TR/xsl/, 2006.

[XSLT] *XSL Transformations (XSLT) 2.0*, World Wide Web Consortium (Hg.), http://www.w3.org/TR/xslt20/, 2007.

[XHTML] *XHTML™ 1.0 The Extensible HyperText Markup Language (Second Edition). A Reformulation of HTML 4 in XML 1.0*, World Wide Web Consortium (Hrsg.), http://www.w3.org/TR/xhtml1/ [revidierte Fassung, zuerst erschienen 2000], 2002.

[XPath] *XML Path Language (XPath) 2.0*, World Wide Web Consortium (Hrsg.), http://www.w3.org/TR/xpath20/, 2007.

Zifonun, Gisela, Ludger Hofmann und Bruno Strecker, *Grammatik der deutschen Sprache* (= Schriften des Instituts für deutsche Sprache, 7.1-7.3), Berlin/New York, 1997 [drei Bände].

Abkürzungen

A	Adjektiv
ADV	Adverb
akk	Akkusativ
ATTLIST	Kennwort für Attributlisten-Deklaration
CDATA	Attributtyp Zeichenkette
CL	Computerlinguistik
D	Determinativ
dat	Dativ
dir	direktional
DOCTYPE	Kennwort für Dokumenttyp-Deklaration
DTD	Dokumenttyp-Deklaration, Dokumentgrammatik
ELEMENT	Kennwort für Element-Deklaration
EMPTY	leeres Inhaltsmodell
EN	Eigenname
fem	Femininum
gen	Genitiv
HTML	*Hypertext Markup Language*
i, j, k	Zählvariablen
ID	Attributtyp Identifikator
IDREF	Attributtyp Verweis auf Identifikator
loc	lokal
mask	Maskulinum
N	Nomen
neutr	Neutrum
NMTOKEN	Attributtyp aus Zahlen, Buchstaben und Zeichen
nom	Nominativ
NP	Nominalphrase
np-akk	Valenz NP im Akkusativ
np-akk_pp-dir	Valenz NP im Akkusativ und direktionale PP
np-dat	Valenz NP im Dativ
np-dat_pp-dir	Valenz NP im Dativ und direktionale PP
P	Prädikatenvariable (Semantik)
P	Präposition (Syntax)
pl	Plural
PP	Präpositionalphrase
PRO	Pronomen
PTL	Partikel
Q	Prädikatenvariable (Semantik)
S	Satz
sg	Singular
SGML	*Standard Generalized Markup Language*
TEI	*Text Encoding Initiative*
TT	Texttechnologie
V	Verb
VP	Verbalphrase
w	Variable für Wörter
x	Individuenvariable
X	Variable für Phrasen und Wortartenkategorien

XML	*Extensible Markup Language*
XPath	*XML Path Language*
XSLT	*Extensible Stylesheet Language Transformations*
y	Individuenvariable
Y	Variable für Phrasen und Wortartenkategorien
Z	Variable für Phrasen und Wortartenkategorien
#IMPLIED	optionales Attribut
#PCDATA	textueller Inhalt von Elementen
#REQUIRED	erforderliches Attribut
§	Positionsmarkierung in Hypothesen
∀	Allquantor
∃	Existenzquantor
λ	Lambda-Operator
→	logische Folgerung, Implikation
↔	logische Gleichheit, Äquivalenz
¬	logisches Nicht, Negation
∨	logisches Oder, Disjunktion
∧	logisches Und, Konjunktion
⊖	Verschmelzung von Zeichenketten
*	null- oder mehrfaches Vorkommen eines Elements
,	sequenzielle Abfolge von Elementen
?	optionales Element
?k, ?n, ...	Variablen für morphosyntaktische Merkmale
|	Oder-Gruppe von Elementen
+	ein- oder mehrfaches Vorkommen eines Elements

Register

E

F

G

H

I

K